S.F.
V.

Eraldo Affinati

Ein Weg der Erinnerung

Von Venedig nach Auschwitz

Aus dem Italienischen von
Irmengard Gabler

S. Fischer

Die italienische Originalausgabe erschien 1997
unter dem Titel
›Campo del sangue‹
bei Arnoldo Mondadori Editore, Milano

Satz: Clausen & Bosse, Leck
Druck und Bindung: F. Spiegel Buch GmbH, Ulm
Printed in Germany 1999
ISBN 3-10-000416-7

Inhalt

»›Weiter!‹ Weiter dieses ›Etwas‹ sein, ein menschliches Tier wie die anderen, das jedoch durch das Gewißwerden einer Wahrheit gepackt *und* aus dem Gleichgewicht geworfen *wurde. Weiter teilhaben an der Realität dieser Wahrheit, der wir ausgeliefert sind.«*

Alain Badiou

Vorwort

Die in diesem Tagebuch beschriebene Reise von Venedig nach Auschwitz hätte eigentlich der Abschluß einer Studie sein sollen, die mich ziemlich in Anspruch genommen hatte. Doch dann brachten mich verschiedene Ereignisse von meinem ursprünglichen Vorhaben ab. Bei meiner Rückkehr im Juli 1995 verwoben sich nämlich Überlegungen, die ich bereits zu Papier gebracht hatte, mit meinen Reiseaufzeichnungen. Während ich die unterschiedlichen Versionen verarbeitete, sah ich die Illusion schwinden, das Thema endgültig abschließen zu können.

Plinio Perilli war mir ein treuer Weggefährte und teilte bereitwillig die Strapazen einer Reise, die wir uns absichtlich etwas erschwerten, weil wir dem Erfahrungsvakuum der »zweiten Generation«, der wir beide angehören, unbedingt Rechnung tragen wollten. Keiner von uns dachte auch nur einen Augenblick daran, den Zug zu nehmen, um das Lager innerhalb eines einzigen Tages zu erreichen: Wir hielten beide die Verzögerung für unerläßlich und nahmen dafür in Kauf, daß uns manch kleine Anstrengung unverhältnismäßig groß erscheinen würde.

Die Schilderungen der Überlebenden und die Analysen der Wissenschaftler waren meine ersten unsichtbaren Führer; in diesem kollektiven Gedächtnis habe ich mich dann, mit all den historischen und autobiographischen Gründen, die ich dem Leser angegeben habe, widergespiegelt. Die Bibliographie am Ende des Buches erhebt keinen Anspruch auf Vollständigkeit und Homogenität im klassischen Sinne. Sie soll kein statisches Bild sein, sondern den physischen und psychischen Erkenntnisweg wiedergeben, den ich gegangen bin. Wenn ich die vielen Titel überfliege, berühre ich nicht nur die Quellen meines Textes, sondern durchlebe noch einmal eine Jahreszeit aus meinem Leben, bestehend aus Orten, Gedanken und Menschen, denen ich mich verbunden fühle.

Ich möchte mich bei meinem Freund Eusebio Ciccotti bedanken, der uns zu Übernachtungsmöglichkeiten in Klöstern verhalf und sich in Bratislava zu uns gesellte: Ohne ihn hätte das Unternehmen eine völlig andere Form erhalten. Die Hochwürden Stefan Vrablec vom Slowenischen Institut der Heiligen Kyrillos und Methodios und Eberhard von Gemmingen von Radio Vatikan unterzeichneten, ohne mich persönlich zu kennen, die Empfehlungsschreiben, wofür ich ihnen sehr zu Dank verpflichtet bin. Mit aufrichtiger Zuneigung denke ich an die Familie Campanotto aus Udine, in deren Haus wir mehrere Nächte verbringen durften. Ebenfalls danken möchte ich Franco Cordelli, der mich zu diesem Erkenntnisweg ermutigte, und Roberto Rossi, der mir ein paar wichtige bibliographische Hinweise gab.

Rom, 21. Februar 1996

Friedensheimkehrer

Wenn ich aus Auschwitz zurückkomme, werde ich meinen altvertrauten Seelenzustand wiederfinden, der dem des heimkehrenden Soldaten entspricht. Die Gebeine der Toten stören den verträumten Zauber des fünfzigjährigen Friedens: Kann sich jemand, der der festen Überzeugung ist, in einem zeitlichen Sicherheitsabstand zur Massenvernichtung geboren zu sein, wirklich wie ein Überlebender fühlen?

Extreme Entscheidungen, tödliche Schüsse haben stets auch etwas Absurdes an sich, weil man irgendwann erklären muß, weshalb man etwas getan hat. Aufgestaute Energie – der im Gebüsch lauernde Löwe, der Killer an der Straßenecke – hat leicht etwas Lächerliches an sich. Ich weiß genau, daß es eine Leidenschaft gibt, die alles andere in den Schatten stellt, eine Leidenschaft, derenthalben jedes Ziel seine Gültigkeit verliert.

Als ich aus dem Zug steige, muß ich daran denken, wie oft ich schon hier war – als kleiner Junge mit meinen Eltern, als Jugendlicher mit Freundin Nummer eins, als Erwachsener mit Freundin Nummer zwei. Nach und nach gleiten die Venedigmuster von gestern wie falsche Karten eines unbekannten Spiels in das von heute, und meine Erinnerungen werden zu abgelegten Bühnenkostümen.

Die japanische Ehefrau in ihrer Gondel winkt den Umstehenden zu, bei denen rein zufällig auch ich mich befinde. Der *gondoliere* mit der Rolex am Handgelenk und dem Handy am Gürtel ist ein *tableau vivant*. Das faulige Wasser fließt an den Piombi vorüber. Der Rucksack ist mir hinderlich; seine Schulterriemen schneiden mir ins Fleisch. Ich werde mir einen anderen besorgen und weniger hineinpakken. Ich sehe mich um und habe schon alles satt, die vielen Touristen widern mich an, Männer, Frauen und Kinder in scheckigen Hemden und Jeans mit der Aufschrift *Revolution.* All diese Generationen, die einander bereitwillig aus dem Feld schlagen und sich den Teufel scheren um die verwesten Leichen am Wegrand, machen mich wütend, vielleicht weil ich tief im Inneren der Überzeugung bin, daß ihr Verbrechen ein unumgängliches ist.

Mit der Zeit wird einem der Gedanke, Teil eines unbekannten Vorgangs zu sein, unerträglich, gibt man sich nicht mehr damit zufrieden, den eigenen Stammbaum zu kennen, sondern will ihn in seine kleinsten Parzellen zersägen, und so sieht man sich als Mechaniker, als Zimmermann, als Maschinist, um zu erfahren, woher die Haarfarbe kommt, die Beschaffenheit der Haut, der Klang der Stimme. Man sucht sozusagen nach seinem Ursprung, seinem »Platz«.

Simone Weil verglich das Handeln mit dem Zeiger einer Waage. Solange man jung ist, greift man nach dem Zeiger. Je älter man wird, desto mehr muß man einsehen, daß allein die Gewichte zählen.

Plinio Perilli bahnt sich einen Weg durch das Gedränge; er ist Dichter und hat die Militärakademie *Nunziatella* in Neapel absolviert: Das allein genügt, um ihn zum idealen Reisegefährten zu machen. Das muß gerade ich sagen, der zu der Zeit, da Plinio sich die Offizierswürde erwarb, ins oberste Stockwerk eines Palazzo im Zentrum festgebannt war, zwischen Fernsehantennen, Tauben, einem Vater im Pyjama und einer Mutter in Kittelschürze, die – freilich ohne es zu wissen – etliches dazu beigetragen hat, daß ich jetzt hier bin.

Auf dem Piazzale Roma, wo die Busse halten, die hinaus aufs Land fahren, werfe ich mich in die Treibhaushitze wie ein Rugbyspieler in die gegnerische Mannschaft. Ich habe mich innerlich in eine Jagdhütte zurückgezogen, von der aus ich die praktischen Hindernisse sehe, als beträfen sie mich eigentlich gar nicht, zumal mir alles Unwesentliche fremd, alles Notwendige Heimat ist; aber vielleicht liegt es auch an der Tatsache, daß ich als nicht mehr junger Mann diese Reise unternehme, die Bestandteil jeder *éducation sentimentale* sein sollte, und daher gezwungen bin, meine Kräfte zu schonen, indem ich mir meine Distanz zu den Dingen zum doppelten Preis erkaufe.

Ich verlasse die Stadt mit dem Gedanken, daß hier die Schönheit des neunzehnten Jahrhunderts fixiert ist wie ein Schmetterling im Schaukasten. Doch während ich zwischen drängelnden Reisenden die Fahrpläne studiere, möchte ich das kulturelle Schema in meinem Kopf, das mich eine solche Überlegung hat anstellen lassen, am liebsten abstreifen. Aber im Grunde läßt es sich nicht vermeiden, in die Fußstapfen derer zu treten, die einem vorausgegangen sind: Ich habe bereits beschlossen, sie mir vollkommen zu eigen zu machen, als müßte ich in der Matrix der Zeugenberichte reisen, in einem Gedächtnispauspapier sozusagen.

Ich werde in entgegengesetzter Richtung fahren wie der junge Reisende vor zwei Jahrhunderten:

»Verehrungswürdigste, gnädige Eltern, ich melde, daß ich in Venedig glücklich eingetroffen. Ich bewohne ein freundliches, sehr reines und luftiges Zimmer bei einer adeligen Familie, die es zufällig zu vergeben hat. Das Zimmer geht auf die Gasse, aber anstatt des Erdbodens ist unten Wasser, und die Leute fahren in Gondeln oder das arme Volk in großen Trabakeln, ähnlich wie Donauzillen; die sind statt der Lastträger. Daher werde ichs auch sehr ruhig haben. Peitschenknall oder Geschrei hört man halt nicht.« (Hugo von Hofmannsthal, *Andreas*)

Der Bus nach San Donà di Piave ist voll besetzt mit wohlproportionierten Frauen in unserem Alter, die nach der Arbeit heimfahren. Sie unterhalten sich im Dialekt über *mine-*

stre, Kinder und Zweifamilienhäuser. Wir sind, abgesehen vom Fahrer, die einzigen Männer. Während wir sie von den hintersten Plätzen aus mustern – wohlgeformte Schultern, entschlossene Mienen, Haare, die zeigen, daß ihr letzter Besuch beim Friseur erst drei Tage zurückliegt –, haben wir plötzlich das Gefühl, in eine Produktionshalle für die menschliche Rasse hineingeraten zu sein, zwischen Kurbelstangen und Motorkolben, und zwar ausgerechnet in dem Augenblick, da die kollektive Bewegung anläuft.

Ich sitze am Tisch einer Bar und höre Lieder aus den Siebzigern. Ich merke, daß ich zu steif bin, aber ich kann es genausowenig ändern wie die Grille ihr Gezirpe. In der Stille des frühen Nachmittags das Gestammel einer Geisteskranken: Ihre Lumpen sind wie eine Soutane in der Taille von einem Gürtel gehalten, schleifen über den Boden und lassen den Blick frei auf ihren roten Hintern, der an den eines Pavians erinnert. Vor meinem geistigen Auge sehe ich ein Gespenst aus dem KZ, das im gestreiften Sträflingsanzug an mir vorbeischlurft.

»Im Endstadium der Auszehrung war das Knochengerippe von welker, pergamentartiger Haut überzogen, an Füßen und Schenkeln hatten sich Ödeme gebildet, die letzten Muskeln am Gesäß waren eingefallen. Der Schädel schien in die Länge gezogen. Nasenfluß lief über das Kinn herunter. Die Augäpfel waren tief in die Höhlen eingesunken, der Blick war stumpf. Die Glieder bewegten sich langsam, stockend, fast mechanisch. Ein penetranter Gestank ging von der Gestalt aus, Schweiß, Urin, flüssiger Kot, der die Beine hinunterrann. Die Lumpen, in die sie sich frierend einhüllten, waren voller Läuse, die Haut war von Krätze befallen.« (Wolfgang Sofsky, *Die Ordnung des Terrors*)

Ich stehe am Ufer des Piave, ein grüner Fluß, grün wie die Haut einer Eidechse. Vor zwei Wochen, in Valsesia, erzählte mir jemand, daß irgendein Kajakfahrer eines Tages beschlossen hatte, sich auf einer aufblasbaren Puppe, wie man sie in den Sex-Shops findet, in die Stromschnellen zu wagen. Er ließ sich also mit seinem merkwürdigen Schwimmreifen den Fluß hinunterspülen und achtete darauf, nicht gegen die Felsen zu stoßen. Schließlich erreichte er den ruhigeren Abschnitt, wo Familien mit ihren Kindern badeten. Zuerst konnten sie ihn nicht genau erkennen, sahen nur seine Gestalt und etwas, das aussah wie buntes Zellophan. Da stand der Mann auf und kam mit seiner Puppe unter dem Arm, einer Platinblonden, aus dem Wasser. Für die Mütter mit ihren kleinen Kindern mußte das ein recht absonderlicher Anblick gewesen sein.

Wie soll ich das nur erklären? Aber irgendwie habe ich den Eindruck, als gäbe es einen Zusammenhang zwischen dem Kajakfahrer mit der Gummipuppe und dieser Reise. In einer Szene des Films *Hitler* von Hans Jürgen Syberberg, der mit Menschen und Puppen gedreht wurde und ungefähr sieben Stunden dauert, beleckt der Führer das »Geschlecht« einer aufblasbaren Puppe.

In San Donà gießt es in Strömen. Am Abend sitzen wir an einem Tisch, die Ellbogen auf das rotweinbefleckte Tischtuch gestützt, und starren gemeinsam mit den Lkw-Fahrern in den Fernseher, der auf einem Gestell an der Wand thront. Wir sind Psychopathen, die frei herumlaufen dürfen. Schwachsinnige am Abgrund. Reservespieler. Arbeitslose. Nichtstuer, vom Nichtstun krank. Der Hagel prasselt gegen die Scheiben der Osteria. Es wird der einzige Tag sein auf unserem Weg nach Auschwitz, an dem das Wetter wirklich schlecht ist. Wir gehen hinaus und springen über die Pfützen. Plinio, in Sandalen, mit Brille und weiten Hosen, versprüht den Frohsinn der Franziskaner.

Friaul

Ich lese die Namen der Ortschaften, durch die wir fahren: San Vito al Tagliamento, Portogruaro, Udine. Jede Abbiegung, jede Brücke, jede alte Hausfassade läßt mein Herz höher schlagen.

Die Zeit bis zur Abfahrt des nächsten Busses verbringen wir im Wartesaal. Da ist diese Anspannung, wie man sie vor jeder Reise verspürt: Das Gleichgewicht ist gestört, der Energieschub muß kanalisiert werden. Ich helfe einer alten Frau mit vollgepackter Reisetasche, eine Münze in den Getränkeautomaten zu stecken. Sie lächelt und konzentriert dabei ihre Falten auf so eindrucksvolle Weise, daß ich unwillkürlich an das Summen emsiger Bienen denken muß.

Unser Wartesaal hat zwei Seiten: eine zur Straße, die andere zum Innenhof. Ich werfe einen Blick aus dem kleinen Fenster und sehe einen Garten voller Beete und köstlicher Früchte. Ich rieche das saftige Gras: Das ist Friaul. Die Wände sind vollgekritzelt mit obszönen Sprüchen und Liebesbekundungen. Die jugendlichen Verfasser stehen etwas abseits, mit kleinen Rucksäcken, Ohrringen, Tätowierungen, Irokesenschnitt oder kurzen Pferdeschwänzen. Ich hatte mir eingeredet, allerdings grundlos, daß ich die Reise auch ihretwegen machte.

Vor ein paar Jahren, als ich begann, Bücher über die nationalsozialistischen und sowjetischen Konzentrationslager zu lesen, fragte ich mich nach dem Warum meines Interesses. Zu Anfang glaubte ich, daß mich ähnliche Motive leiteten wie sonst auch: die Lust an neuen Einsichten, die Suche nach idealen menschlichen Vorbildern, die Flucht in die Einsamkeit und gleichzeitig der Wunsch, ihr zu entfliehen, der Traum vom tätigen Leben, die abstrakte Sehnsucht nach absoluten Bildern. Mit der Zeit mußte ich mir jedoch eingestehen, daß all diese Begründungen, auch wenn sie gewisse Fragen lösten, keineswegs so erschöpfend waren, wie es zunächst den Anschein hatte. Es mußte sich noch etwas anderes, weit Mächtigeres hinter dem Wissensdrang verbergen, der mich da plötzlich gepackt hatte.

Am Bahnhof von Udine, auf dem Bahnsteig von Gleis eins, trete ich versehentlich in eine Wasserpfütze. Anscheinend will mir damit jemand sagen: Paß auf, wo du hingehst!

Plötzlich habe ich begriffen.

Alfredo Cavina, geboren am 28. Mai 1903 in Casalfiumanese in der Romagna, Maurer und Antifaschist, als solcher bei der Polizei registriert, rekrutierte während des Zweiten Weltkriegs Partisanen für die 36. Brigata Garibaldi »Alessandro Bianconcini«, wie sie bald heißen würde, im Gebiet von Imola/Riolo Terme, zwischen Senio und Santerno. Sein Sohn Domenico, genannt Bill, unterstützte ihn dabei. Alfredo Cavina war mein Großvater.

Am 13. Juni 1944 wurde er, infolge einer Denunziation, zusammen mit seiner Frau Rosina Padulli und seinen beiden Töchtern, der fast volljährigen Maddalena (meiner Mutter) und der etwas jüngeren Diana, von den Schwarzen Brigaden verhaftet. Bill war in den Bergen und entkam der Razzia. Man brachte sie alle ins Zuchthaus nach Forlì, neben der Rocca, und übergab sie den Deutschen, die sie einem langen Verhör unterzogen. Am 26. Juli, sechs Tage nach dem Attentat auf Adolf Hitler, wurde Alfredo Cavina im Zuge der Vergeltungsmaßnahmen, die der Mord an einem deutschen Obergefreiten ausgelöst hatte, zusammen mit neun weiteren Italienern von den Nazis erschossen. Die Verurteilten waren Don Francesco Babini, Pfarrer von San Sepolcro – er hatte einigen englischen Offizieren Unterschlupf gewährt –, Riziero Bartolini, Antonio Luccini, Biagio Molina, William Pallanti, Edgardo Ridolfi (genannt Lignon), Mario Romeo, Antonio Zoli (genannt Fiscin) und Luigi Zoli.

Als mein Großvater starb, war er 41 Jahre alt, nur zwei Jahre älter als ich heute, und die Partisanen nannten ihn den »Alten«. Das Gemetzel, eines von den vielen, die in diesem Sommer auf beiden Seiten verübt wurden, fand bei Pieve di Quinta statt, etwas außerhalb von Forlì, Richtung Cervia. Die Leichen wurden zur Abschreckung der Bevölkerung zwei Tage lang zur Schau gestellt. Ein Gedenkstein am Straßenrand erinnert an den Vorfall. Ich war vor kurzem dort. Die Landschaft dort ist sehr flach und weitläufig. Ich erinnere mich an die Gehöfte, an die Via dei Dieci Martiri, den Friedhof. Ich habe mir oft die Gewehrsalve vorgestellt und die am Boden liegenden Leichen, für die die Bauern der Umgebung aus den hölzernen Fensterläden ihrer Häuser Särge zimmerten, um sie begraben zu können.

Während man meine Großmutter und meine Tante bald wieder freiließ, wurde meine Mutter vorübergehend in eine Kaserne in Bologna verlegt, wo sie sich nachts, aus Angst vor der Zudringlichkeit der Soldaten, in einem Schlafsaal verbarrikadierte, indem sie Betten vor die Tür schob. Am 2. August setzte man sie in den Güterzug, der sie über Venedig und Tarvisio nach Deutschland bringen sollte.

Sie war siebzehn. Sie fuhr in einem offenen Waggon zusammen mit sechs SS-Leuten und zwei deutschen Aufseherinnen. Alle übrigen Waggons waren verplombt und vollbeladen mit Menschen, jungen und alten – Frauen, Männer, Kinder –, die durch die Luftöffnungen um Wasser bettelten. In diesen Wagen stank es nach dem Kot und dem Urin der Menschen, die noch eine lange Reise zu den KZ vor sich hatten. Dort würde sie das Sonderkommando, ebenfalls Gefangene, aus den Waggons holen:

»Die Riegel wurden zurückgeschoben und die Schiebetüren

geöffnet. Ein Schwall frischer Luft brach ins Innere und betäubte die Menschen wie Stickstoff. Auf unbeschreiblich engem Raum zusammengepfercht, eingezwängt zwischen einer gewaltigen Menge an Gepäck – Schrankkoffer, Reisekoffer, Handkoffer, Rucksäcke, Bündel aller Art (sie hatten alles mitgenommen, was ihr früheres Leben ausgemacht hatte und der Anfang für ein neues hätte werden sollen) –, war jeder von der schwülen Hitze halb besinnungslos, halb erstickt von der Nähe des anderen und den anderen durch die eigene Nähe erstickend. Sie hatten sich an der offenen Tür versammelt und schnappten nach Luft wie Fische, die auf dem Trockenen lagen.« (Tadeusz Borowski, *Bei uns in Auschwitz*)

In Udine, genau da, wo ich jetzt stehe, hielt der Zug. Der Waggon meiner Mutter kam neben einem leeren Haus zum Stehen, in dem sich irgendein Büro der Eisenbahn befand. Die SS-Leute und die Aufseherinnen stiegen aus; alle verließen sie den Waggon, auch der Kommandant des Transports. Meine Mutter sah hinaus und kreuzte den Blick eines etwa dreißigjährigen, mageren, schwarzäugigen Mannes, der ihr zuwinkte und sich, um nicht gesehen zu werden, sofort wieder zurückzog.

Die beiden verständigten sich mit Hilfe von Gesten: Er wollte sie zur Flucht bewegen. Meine Mutter willigte ein. Sie rief einen der SS-Leute zu sich und fragte ihn ein wenig kokett, ob sie sich in der Bahnhofstoilette umkleiden dürfe. Der Deutsche erlaubte es ihr, wollte sie aber begleiten. Nachdem er den Raum überprüft hatte, ließ er meine Mutter allein. Ein paar Augenblicke später zeigte sie sich, umgezogen und frisch gekämmt, dem SS-Mann, der ihr Komplimente machte. In der Zwischenzeit war ein Zug mit Soldaten in Zivil eingefahren, die ein ziemliches Durcheinander verursachten, als sie ausstiegen und den Bahnsteig überfluteten.

Die Gefangene und ihr Bewacher gingen den Bahnsteig entlang, das schlanke Mädchen voran, ein wenig dahinter der Deutsche mit seinem Maschinengewehr. Vor dem Zeitungsstand machte sich meine Mutter wie vereinbart aus dem Staub, rannte, so schnell sie nur konnte, durch die Menge. Als sie das Bahnhofsgelände verlassen hatte, suchten ihre Augen den Unbekannten: Hätte er nicht auf sie gewartet, wäre das mit Sicherheit ihr Tod gewesen. Aber er stand zuverlässig mit einem Fahrrad am vereinbarten Ort, und so flüchteten sie auf der Stelle. Er hieß Marcello Battaglini. Wie der Italiener Giorgio Perlasca, der Schweizer Paul Gruninger, die Deutschen Eberhardt Helmrich, Hans Georg Calmeyer, Oskar Schindler (gebürtiger Sudete) und viele andere, war er einer dieser unbekannten Lebensretter, die von den Geschichtsbüchern gern unterschlagen werden. Nach dem Ende des Krieges beging er, wahrscheinlich aus enttäuschter Liebe, Selbstmord.

Immer wenn ich mir diese Flucht vorstelle, eine der vielen, die während der Deportationen unternommen wurden (Mario Bonfantini erzählte, er sei aus dem fahrenden Zug gesprungen), kommt mir unweigerlich der Gedanke, daß mein Bruder und ich, wäre sie mißglückt, nicht auf der Welt wären.

»Die Waggons sind jetzt leer. Ein dürrer, pockennarbiger SS-Mann wirft einen ruhigen Blick hinein, schüttelt angeekelt den Kopf, sieht uns an und sagt: ›Rein da. Saubermachen!‹ Wir steigen hinein. In den Ecken liegen in wildem Durcheinander zwischen menschlichen Exkrementen und verlorenen Uhren erstickte und totgetrampelte Neugeborene, kleine nackte Scheusale mit riesigen Köpfen und aufgeblähten Bäuchen. Wir tragen sie hinaus wie tote Hühner, zwei in jeder Hand.« (Tadeusz Borowski, *Bei uns in Auschwitz*)

Diese Sätze stammen von einem besonderen Menschen. Sein Interesse, so Czeslaw Milosz, galt nicht dem Menschen – von dem weiß man ohnehin, was er ist, nämlich ein Tier, das leben will –, sondern der »Lagergesellschaft«, der Entstehung eines moralischen Kodex unter den Gefangenen, bestehend aus dem schweigenden Einvernehmen, daß man anderen weh tun darf, wenn die einem zuerst weh tun, während ansonsten jeder bestrebt ist, seine eigene Haut zu retten.

Erste Lektion: Man soll nicht glauben, es sei möglich, zwischen Wahrheit und Irrtum zu unterscheiden, weder in uns noch außerhalb von uns. Geradezu tragisch wäre eine derartige Annahme für den, der nicht bereit ist, die Unvollkommenheit des Menschen zu akzeptieren, wie Iwan Karamasow, der in selbstgerechtem Zorn seinen Vater töten läßt. Gerade weil wir den instrumentellen Charakter menschlicher Verhaltensweisen erkannt haben, müssen wir in jeder einzelnen das Gute vom Bösen unterscheiden, als sei so etwas möglich. Nur wenn man auf die Behauptung verzichtet, alles unter Kontrolle haben zu können, wird man dem Schraubstock entrinnen, in den uns die Rationalität zwingt.

Ich stelle daher das folgende innere Dogma auf: Ich bin blind, aber ich werde nicht zuschlagen, als glaubte ich, es nicht zu sein.

Helden

Ein halbes Jahrhundert später sitze auch ich auf einem Fahrrad und radle durch die Straßen der Stadt, in der sich damals meine Mutter in einem Unterschlupf in der Via Grazzano versteckt hielt und sich den Partisanen anschloß, die in der Provinz aktiv waren. Jemand, auf den geschossen wurde und der mit dem Leben davonkam, kann unsichtbare Schußwunden davontragen, weil er zur Zielscheibe wurde: Verbissenheit, Trotz, seelische Wunden. Doch Menschen sind imstande, alles ins Positive zu wenden: Vielleicht bin ich als Sohn auch eine Antwort auf die Gefahr, der meine Mutter an jenem Tag ausgesetzt war.

In dem Sportgeschäft, in das ich gehe, um meinen Rucksack gegen ein passenderes Modell einzutauschen, fragt mich die Verkäuferin, was ich denn damit vorhätte. Ausweichend murmele ich etwas von einer langen Wanderung. Ich habe mich häufig selbst als geradezu »krankhaft gesund« bezeichnet. Ich ertrage nicht einmal die kleinste Schürfwunde. Harmlose Kopfschmerzen können mir schwer zusetzen. Eine Grippe wirft mich um. Aus diesem Grund verwende ich meine ganze Energie auf einen möglichst geregelten Tagesablauf und teile mir die Zeit, die ich der Arbeit, dem Schlaf oder der Nahrungsaufnahme widme, genauestens ein. Für mich ist eine solche Reise, in der die festen Gewohnheiten genauso leicht über den Haufen geworfen werden wie die Kegel beim Bowling, eine große Herausforderung.

Ich radle schnell und hüpfe bei jeder leichten Unebenheit ein Stück weit aus dem Sattel. Vor mir fährt auf seinem flinken Rad ein Mädchen mit einem Dichternamen: Ezra, eine wertvolle Führerin. Sie ist in demselben Alter wie damals meine Mutter, als sie aus dem Eisenbahnwaggon flüchtete. Im Grunde könnte sie meine Tochter sein. Ich denke über diese paradoxe Analogie nach wie ein Hexenmeister aus grauer Vorzeit. Ich folge ihr, indem ich mich durch die Gangschaltung kämpfe, über die Piazza della Libertà, über gepflasterte Straßen, durch Arkaden, vorbei an den Kanälen, die Geländer säumen.

Betrachtet man das Extrem Faschismus aus der Vogelperspektive, scheint alles klar zu sein, Ursachen wie begangenes Unrecht. Nähert man sich jedoch einzelnen Schicksalen mit der Lupe, verkomplizieren sich die Dinge. Was hatte ein Verbrecher wie Pietro Koch, dieser verrohte Folterspezialist, mit Fürst Valerio Borghese gemein, der, nachdem er die englischen Hoheitsrechte im Mittelmeer verletzt hatte, mit seinen *»maiali« sottomarini*, seinen Unterwasser»schweinen«, die den Hudson River bis nach Manhattan hinaufschwimmen sollten, einen spektakulären Angriff auf New York plante? Während man ersteren für einen nahen Verwandten der ärgsten Nazischinder halten mag, scheint letzterer die Tradition der »Seeräuberkapitäne« fortzuführen. Dabei dienten sie beide der Republik am See und erhielten ihre Befehle unmittelbar vom Dritten Reich, dessen Führungsspitzen zu den von Rodolfo Graziani rekrutierten und ausgebildeten Truppen herzlich wenig Vertrauen hatten und sich lieber Freiwilliger bedienten, die ihnen in größerer Zahl zuströmten denn je. Wie Pavolinis berüchtigte Schwarze Brigaden wurden sie fast ausnahmslos gegen die Partisanen eingesetzt; nur wenige Elitecorps kämpften an der Front, zum Beispiel die italienische SS, von der im Zuge der Landung der Alliierten bei Anzio, zwischen Borgo Podgora und Borgo Carso, 340 Männer fielen.

In *Une tragédie vécue* rekonstruiert Tzvetan Todorov eine Episode aus dem Bürgerkrieg im besetzten Frankreich von

1944. Nachdem er sich mit menschlichem Handeln in Extremsituationen befaßt hat, unterscheidet er zwei Arten von Heldentum: Nicht immer sei die »Opfermoral« (die Überzeugung, daß der Tod einer Person der guten Sache zum Sieg verhelfe) höher einzuschätzen als die »Moral des kalkulierten Risikos« (die über die Heiligkeit und die Gewalt ein intensives Solidaritätsgefühl setzt), obwohl erstere von den Menschen mehr Mut verlange und letztere auch all diejenigen mit einschließe, die in begütigender Absicht zu vermitteln suchten, da sie erkannt hätten, daß niemand glücklich leben könne, dessen Nachbar vom Unglück heimgesucht werde.

In den Stunden vor der Hinrichtung bat mein Großvater seine Frau um Verzeihung, merkte jedoch nicht, daß seine verzweifelte Tochter die grausamen Worte belauschte. Wenn ich die verschiedenen Stationen seines Lebens noch einmal überdenke, wird mir klar, daß er an jenem schicksalhaften Abend womöglich die spektakuläre Enge verstanden hatte, die der ersten Kategorie innewohnte, zu der er, wie er wußte, gehörte. Wahrscheinlich ahnte er das, was Todorov als »die Eindimensionalität der heroischen Welt« beziehungsweise als die unvermeidliche Einsamkeit eines von seiner Mission durchdrungenen Menschen bezeichnet, was ihn in meinen Augen noch mehr zum Helden macht. Ich bin überzeugt, daß es auf jeder Seite blinden Fanatismus, Zynismus, feige wie mutige Taten gab und daß dies alles heute wie ein Gewirr gekappter Stromkabel in der Geschichte unseres Landes liegt.

Ezra deutet im Vorüberfahren auf den Dom, den Bischofspalast, die Türmchen des Castello. Ezra, Ezra Pound: Während ich in die Pedale trete, schweifen meine Gedanken zu dem Dichter, der des Hochverrats beschuldigt wurde, weil er sich während des Zweiten Weltkriegs amerikafeindlich geäußert hatte. Guido Piovene besuchte ihn, den man für geisteskrank erklärt hatte, in der Irrenanstalt in Washington, deren Insasse er war. Der italienische Schriftsteller ging durch den Garten der Anstalt. Dabei sprangen ein paar geisteskranke Schwarze um ihn herum und plapperten unbedarft, wie gerne sie den berühmten Insassen hätten. *»Die Nemesis wollte, daß meiner ersten Begegnung mit Pound, diesem erklärten Rassisten, die Zuneigung und das Lob eines schwachsinnigen Negers vorausgingen.«* (Guido Piovene, *De America*)

Kleine Stufen, Korridore, Schreie. Hinter einem Zelt erschien Pound in Sandalen und orangefarbenem Kittel. Seine Frau war an seiner Seite, seit fünf Jahren sah sie stumm seinem Treiben zu. Der Verfasser der *Cantos* schrieb nicht mehr. Er lernte chinesisch. Auf dem Boden bemerkte Piovene die Ausgabe der Gedichte Cavalcantis und ein paar lose Blätter mit Vivaldi-Sonaten.

Ähnlich verlief 1939, wenn ich mich recht entsinne, die Begegnung zwischen Louis-Ferdinand Céline und Stephan Hermlin. Ohne zu wissen, wen er vor sich hatte, stellte sich Céline in einer Bar neben ihn und stellte zufrieden fest, daß Hitler schon bald Juden und Bolschewiken an die Wand stellen würde. Als der Gesprächspartner seine Identität verriet, stammelte Céline erschrocken: »Ach so ...«, machte kehrt und verschwand.

Einmal erfand ich mir zum Vergnügen ein postumes Interview mit Pierre Drieu La Rochelle, indem ich ein paar Sätze aus seinen Tagebüchern herausnahm. Ich fragte ihn, wie sein Leben verlaufen sei. Er behauptete, er hätte es zur Hälfte lesend auf einem Sofa verbracht. Dann verriet er mir seine großen Vorlieben: spät am Morgen aufstehen, durch die Straßen der Stadt flanieren, ins Kino gehen, hin und wieder Freunde treffen. Ich wollte wissen, weshalb er in Paris lebe. Er wörtlich: »Wegen der Place de la Concorde, der Seine, der Bordelle, der Frauen.« Daraufhin wurde ich kühn und fragte ihn, weshalb er kollaboriert habe. Er erklärte, er habe sich nur deshalb dafür entschieden, um nicht in der

Herde mitlaufen zu müssen, deren Schweiß nach Masse und Angst rieche, und verriet mir, was er in seinem Leben als einziges bedauerlich fände, nämlich, kein SS-Mann gewesen zu sein. Ich fragte, was ihn daran gehindert hätte. Darauf er: »Ich hatte Hämorrhoiden, Ischias und Aortitis.«

Eine Kurve – und am Horizont kündigen riesige Bauklötze aus Stein und Fels die ersten Ausläufer der östlichen Alpen an. Jenseits dieser Hügelkette, auf dem Obersalzberg, stand der *Berghof*, die Residenz des Führers. In den letzten Kriegstagen rieten ihm einige Angehörige der SS, sich dort hinaufzuflüchten, um bis zuletzt vor den Angriffen der Alliierten sicher zu sein. Der alpine Zufluchtsort würde niemals fallen: Im »Lebensborn« von Steinhöring bei München hatte man die »biologische Substanz« des deutschen Volkes aufbewahrt. In dieser Brutanstalt, die wie andere in Europa der Verbesserung der »arischen« Rasse dienen sollte, erblickten unter Himmlers Obhut 1292 Kinder das Licht der Welt, die aus der Vereinigung von SS-Offizieren und willigen, nach rassischen Grundsätzen ausgewählten jungen Frauen hervorgegangen waren.

Aber Hitler zog es vor, in Berlin zu bleiben.

»Das Aufschrecken des Raums provoziert lediglich die Zeit.« (Witold Gombrowicz, *Tagebücher*)

Ich bemerke ein paar räumlich-zeitliche Überschneidungen: Als man in gewissen italienischen und österreichischen Landstrichen anfing, sich gegenseitig abzuschlachten, studierte Bronislaw Malinowski, der seine Sommerfrische stets in einer Villa in Soprabolzano zu verbringen pflegte, gerade die Werkzeuge der Eingeborenen. Ich glaube, daß ich aus dem gleichen Grund, der ihn dazu bewog, die Ureinwohner Neuguineas zu erforschen, nach Auschwitz unterwegs bin: Ich möchte etwas Neues über die Spezies lernen, zu der ich gehöre.

Ein Photo zeigt ihn im Profil, vor dem kraushaarigen

Eingeborenen, der mit einer Amphore im Arm und einer Bürste in der Hand am Baum lehnt. Der Europäer ist groß, blond, seine Schläfen sind bereits gelichtet; er trägt einen weißen Anzug, Sonnenbrille und Reitstiefel: Er erinnert an einen Offizier unter Napoleons Marschall Poniatowski.

»Es gibt absolut nichts, was mich zu ethnologischen Studien bewegen könnte. Ich hatte mich in das Dorf begeben, um mich dem Eindruck eines neuen Kulturkreises hinzugeben. Doch insgesamt bekam ich dort einen eher ungünstigen Eindruck. Die unorganisierten, weit auseinanderliegenden Dörfer, der unangenehme Anblick dieser lärmenden, lachenden Menschen, die einem ins Gesicht lügen, widerten mich schließlich an. Ich werde einen eigenen Weg finden müssen…« (Bronislaw Malinowski, *Ein Tagebuch im strikten Sinn des Wortes*)

Oder, um mit Clifford Geertz zu sprechen: Ins Zentrum der ethnographischen Aktivität mehr das eigene Empfinden stellen als das analytische Vermögen oder den gesellschaftlichen Kodex zieht ganz spezifische Probleme nach sich, wenn man einen entsprechenden Text verfaßt: Die Glaubwürdigkeit einer Erzählung hängt von der Glaubwürdigkeit desjenigen ab, der sie konstruiert.

Wir sind bei Freunden zu Gast, in einem Haus, das noch nicht ganz fertig ist. Es gibt noch keine Türen, nicht einmal vor den Toiletten, sondern nur lange, durchsichtige Nylonvorhänge. Ich laufe barfuß über die Teppiche und stelle mir vor, ich sei ein Judokämpfer. Ich höre klassische Musik in der getäfelten Wohnstube, studiere Landkarten, entwerfe die Reiseroute. Ich denke an Hinka Wroublèwitsch, ein jüdisches Mädchen, das während der deutschen Invasion in Weißrußland mit ansehen mußte, wie ihre Familie langsam zerfiel. Ihre Mutter und zwei kleine Brüder wurden gefangengenommen, und sie hat sie nie wiedergesehen. Hinka hatte sich in einer Waldhöhle versteckt, zuerst gemeinsam mit ihrem Vater und ihrem Bruder, dann, nachdem man die beiden erschossen hatte, ganz allein. Nachts lief sie, in der Hoffnung, ein Stück Brot zu ergattern, in die umliegenden Dörfer. Sie blieb ein ganzes Jahr lang im Wald, überlebte die Kälte und ernährte sich von Waldfrüchten. Als ein Hauptmann der Roten Armee das zerlumpte kleine Wesen mit den langen Zottelhaaren entdeckte, dessen kleine Hände von Frostbeulen überzogen waren, konnte er kaum glauben, daß er ein Kind vor sich hatte.

Abends gehen wir ein Eis essen. Die breite Straße, von Lichtstreifen symmetrisch unterteilt, scheint einer optischen Täuschung unterworfen. Die Lastwagen fahren schnurstracks in Richtung Grenze. Von ihren dicken Reifen stieben kleine Funken. Die Bewegung der Fahrzeuge scheint die Angst zu schüren, die typisch ist für grenznahe Orte.

Die junge Frau, die uns bedient, sieht aus, als wolle sie sich im nächsten Moment das Leben nehmen. Die Schwermut, die sie an den Tag legt, ist geradezu fühlbar. Ich bemerke den Gegensatz zwischen ihren repetitiven Gesten (eine Eistüte von den übrigen lösen, den Löffel zur Hand nehmen, nach den Geschmacksrichtungen fragen, die Kugeln einfüllen) und dem frenetischen Aktivismus, der in der Luft liegt. Ich setze mich auf das Mäuerchen vor der Bar und lasse meine Beine baumeln. Während ich sie beobachte, erwische ich *in flagranti* die Jugend, wie sie sich wie ein Facharbeiter rund um die Uhr an ihrem Körper zu schaffen macht.

Zu Fuß unterwegs

In Tarvisio werden wir eine Stunde lang von den Grenzkontrollen aufgehalten. Die Deportierten fuhren in den Tunnel ein. In den Güterwaggons waren Juden, Dissidenten, Partisanen, darunter auch ein sogenannter »Rotspanier« namens Manuel, der in Jorge Semprúns Buch *Die große Reise* von seinem vergangenen, gegenwärtigen und zukünftigen Leben berichten wird. Das Buch handelt von Jugenderinnerungen, Liebe, Gewalt, Illusionen, Freundschaften, Hoffnungen. Alles wird zerrissen und neu zusammengeklebt in einem ratternden Zug, der im Grunde demjenigen nicht unähnlich ist, den mit vertauschten Rollen Heinrich Böll in seiner schönsten Erzählung beschreibt: *Der Zug war pünktlich.*

Die Reise zu den Lagern war eine regelrechte Initiation. Ich habe mich schon oft gefragt, weswegen man meine Mutter nicht in einen der verplombten Waggons gesperrt hatte, die nur wenige Meter vor ihr fuhren. Wahrscheinlich war sie für irgendeinen Offizier bestimmt. Wie man inzwischen weiß, bekamen die Mädchen das Wort *Feldhure* auf die Brust tätowiert. Die typische Bordellbaracke hatte fünfzig Betten. Deutsche Soldaten durften, bevor sie an die Front zogen, das »Freudenhaus« aufsuchen. Waren sie mit dem dortigen Service nicht zufrieden, konnten sie eine offizielle Beschwerde beim verantwortlichen Kapo einreichen, der dann »Meldung« machte. Mit drei Beanstandungen wanderte das betreffende Mädchen in die Gaskammer.

Nachdem wir die Grenze überquert haben, steigen wir in Villach aus. Ich schnalle mir den Rucksack um wie einen Fallschirm: ein Riemen um die Hüften, ein zweiter um die Brust. Die Verschlüsse rasten ein. Die Luft ist frisch, der Himmel bewölkt. Die Landschaft gleicht einer Ansichtskarte: wahrscheinlich sieht es in ganz Österreich so aus. Wir gehen über die Brücke ans andere Ufer des Flusses, hinein in die Fußgängerzone mit ihren Geschäften, kleinen Straßencafés, Kirchen und Brunnen. Leute, die breitbeinig dasitzen und mit brennender Zigarette ihren Aperitif genießen, andere, die durch die Stadt bummeln, Kamera um den Hals, Kinder im Schlepptau. Leute, die Briefmarken kaufen.

»Wir gehen weiter. Das Dorf treibt uns fort, verscheucht den Lärm unserer Stiefel, unsere Gegenwart, die seine Ruhe stört und sein sauberes, ahnungsloses Gewissen, verscheucht unsere gestreifte Kleidung, unsere kahlgeschorenen Schädel, unsere Feiertagsblicke, die verraten, wie es außerhalb dieses Dorfes zuging.« (Jorge Semprún, *Die große Reise*)

Wir beschließen, zu Fuß weiterzugehen.

Es ist nicht so einfach, wie man meinen könnte, eine Stadt zu Fuß zu verlassen, selbst wenn sie so klein ist wie Villach. Als wir den Stadtrand erreichen, müssen wir die ineinandergreifenden, konzentrisch verlaufenden Asphaltschleifen der Autobahnen überwinden, gegen den ununterbrochenen, allgegenwärtigen Verkehrsfluß angehen. Die Schilder sind nicht so hilfreich, wie wir es gerne hätten. Wir befürchten, daß sie uns im Kreis leiten, auf lange, fruchtlose Umgehungsstraßen, die uns nicht einen Kilometer von der Stadt wegführen, sondern uns womöglich noch um einen ärgerlichen Grad vom Kurs abbringen. Also folgen wir vorsichtshalber den Bushaltestellen in Richtung Klagenfurt. Allmählich entfernen wir uns von den staubigen Straßen und stellen erleichtert fest, daß sich der Ort mit unerhörter Langsamkeit endlich in unseren Rücken schiebt.

Er scheint förmlich an uns zu kleben, will sich partout nicht lösen.

Nachdem wir glücklich die der Fahrtrichtung entgegengesetzte Straßenseite erreicht haben, auf der wir aus Gründen der Sicherheit bleiben, werde ich in jenen höchst verwundbaren Zustand versetzt, den alle bedeutenden Fußgänger unserer Zeit, angefangen bei Henry David Thoreau bis hin zu Werner Herzog, nicht müde wurden zu beschreiben. Die Autos rauschen pfeilschnell an uns vorbei. Man kommt sich vor wie ein scheues Waldtier.

Auf dem Boden, wo der Asphalt endet, sehe ich zerfetzte Taschentücher, Schwämme für Autofahrer, einzelne Schuhe, sogar Sektkorken. Hin und wieder tauchen Häuser auf mit vielbeschäftigten Menschen, die ihre Gärten pflegen. Im Inneren werden Tische zum Abendessen gedeckt. Kinder radeln uns entgegen und grüßen uns neugierig. Das rothaarige Mädchen am Straßenrand fährt schnell davon; vielleicht haben wir es erschreckt. Wir gehen abwechselnd einer hinter dem anderen. Hügelaufwärts neigen wir unsere Oberkörper ein wenig nach vorn. Mit unseren schweren Rucksäcken finden wir diese Haltung natürlicher als die aufrechte bei ebener Erde. An einer Tankstelle legen wir eine kurze Pause ein, um auf die Toilette zu gehen. Ein Besen verstellt den Eingang: die Putzfrau ist gerade dabei, sauberzumachen. Wir setzen uns einstweilen auf eine Bank und warten.

»Kein Häftling durfte die Latrinen benutzen, wenn die erste halbe Stunde um war; und er sollte erst etliche Stunden später wieder die Gelegenheit erhalten, sie erneut zu benutzen. Deshalb war es absolut nötig, sich zu entleeren, bevor man die Baracken verließ. Im Durchschnitt mußten sechs bis acht Latrinen für die Notdurft von 100 bis 300 Männern genügen, die fast alle aufgrund ihrer Ernährung an Darm- und Magenstörungen litten.« (Bruno Bettelheim, *Aufstand gegen die Masse*)

Auf zum Wörther See: Auf der Landkarte sieht es aus,

als grenze er direkt an Villach, weil der Streifen Land zwischen Stadt und Wasser nicht einmal einen Fingernagel breit ist. In Wirklichkeit beträgt der Abstand bis zum Westufer zweiundzwanzig Kilometer. Unseren Berechnungen zufolge käme das einem etwa vierstündigen Fußmarsch gleich. Wir beschleunigen den Rhythmus unserer Schritte.

Es kam der Moment, da mir klar wurde, daß mein Interesse an den Konzentrationslagern eine besondere Richtung nahm, nämlich als ich Robert Antelmes Buch *Das Menschengeschlecht* las. Der Autor spricht darin nicht nur von Gaskammern und Krematorien: Er hatte das Glück, sofern man in diesem Zusammenhang überhaupt von Glück reden kann, auch in Gandersheim inhaftiert zu sein, das kein Vernichtungslager war. In seinem Tagebuch, das von Hunger und physischem wie psychischem Elend erzählt, gelingt es Antelme, die Hürde zu nehmen und auch den Händedruck zu erwähnen, den ein deutscher Soldat mit einem Deportierten tauschte: eine unerhörte Geste, die für den, der sie ausführte, den Tod bedeuten konnte. *»Das Bellen Tausender SS-Leute mitsamt den Öfen, den Hunden, dem Stacheldraht, dem Hunger und den Läusen, dies alles war machtlos gegen jenen Händedruck.«* (Robert Antelme, *Das Menschengeschlecht*)

Er verzichtet auch nicht darauf, den grausamen Überlebenskampf zu schildern, der unter seinen eigenen Kameraden entbrannt war. Einige Szenen sind ihm unvergeßlich, zum Beispiel die Ankunft der Nahrungsmittelpakete, die das Internationale Rote Kreuz geschickt hatte: Die Gruppe französischer Gefangener, für die sie bestimmt waren, mußte sie mit Stöcken gegen ein paar russische Gefangene verteidigen, die um sie herumstrichen wie hungrige Wölfe.

»Die Augen der Russen starren gebannt auf die Pakete, folgen den Händen, die darin eintauchen, und der Bewegung der kauenden Münder. Die Kameraden halten sie mit ihren Stöcken in Schach, während sie, die Franzosen, essen. Ein Russe pirscht

sich auf allen vieren näher an sie heran. Sein Hunger ist stärker als die Stockhiebe; er kommt auf uns zu wie ein Blinder. Wir werfen mit einer leeren Dose nach ihm. Er fängt sie auf und leckt sie aus.« (Robert Antelme, *Das Menschengeschlecht*)

Als wir an den Stadtrand von Velden kommen, klagt Plinio über einen verstauchten Fuß. Beim Weitergehen ist er vorsichtiger. Die Unterhaltung hat uns abgelenkt. So etwas darf aber nicht passieren, denn unsere innere Sammlung ist die Voraussetzung dafür, daß wir unser festgelegtes Ziel erreichen. Wir nehmen das erstbeste freie Zimmer im Ort: zweihundertsiebzig Schilling pro Person, Frühstück inbegriffen.

Der See ist voller Pathos: Elegante Herrschaften, die vor dem Alpenpanorama zu Abend speisen. Die Hotels sehen aus, als seien sie aus triefend nassem Sand gebaut. Ich trinke von dem Brunnen an der Kreuzung, zusammen mit ein paar Kindern, und bei ihrem Anblick kann ich mich des Eindrucks nicht erwehren, in meiner Erwachsenenrolle gefangen zu sein. Ich habe meine Schuhe gewechselt, trage jetzt die sportlichen, biegsameren. Wir gehen den von Bäumen gesäumten Weg entlang und überrunden dabei, als wären es Pappfiguren, die es auszudribbeln gilt, gemütlich dahinschlendernde alte Leute. Das Wasser glitzert wie auf dem Werbeplakat eines alten Hollywoodfilms.

Mir tut die Stelle weh, an der ich mir vor Jahren das Schlüsselbein gebrochen habe, als sich mein Wagen überschlug. Meinen Füßen jedoch geht es gut, abgesehen von den unvermeidlichen Blasen. Uns umgibt eine Art Mauer, was an der Tatsache liegt, daß wir kein Deutsch sprechen. Die Lagerhäftlinge, die dieser Sprache mächtig waren, hatten im Vergleich zu den anderen weitaus bessere Überlebenschancen. Wir haben beide das Gefühl, als befänden wir uns in einer wandernden Seifenblase.

»Deutsch zu sprechen bedeutete Leben. Ich brauchte mich nur

umzusehen. Die italienischen Kameraden, die diese Sprache nicht beherrschten, also fast alle, bis auf ein paar Männer aus Triest, gingen einer nach dem andern in dem stürmischen Meer des Nicht-Verstehens unter: Sie verstanden die Befehle nicht, erhielten Ohrfeigen und Fußtritte, ohne zu begreifen, wofür.« (Primo Levi, *Die Untergegangenen und die Geretteten*)

Ich schreibe bäuchlings auf dem Bett liegend, die Beine in die Luft gestreckt: Gegen Mitternacht ist das Hemd, das ich auf einem Holzbügel an den Schrank gehängt habe, immer noch schweißnaß; es dürfte kaum trocknen bis zum Morgen: Ich werde es außen an den Rucksack binden müssen.

Grüß Gott!

Man muß in diese Ansichtskarte mit dem malerischen Wasser und den herrlichen Bergen Löcher brennen. Wir gehen auf dem Fahrradweg am größten Kärntner See entlang, vorbei an Renaissanceschlössern, barocken Klöstern, Feldern mit reifem Getreide unter blauem Himmel. Zu unserer Rechten liegt das Nordufer, während links von uns jede Viertelstunde die rotweißen Züge nach Klagenfurt vorbeidonnern; im Hintergrund sieht man die Autobahn über den Viadukten schweben, und dazwischen liegt die Bundesstraße, auf der nach festen Zeitplänen Linienbusse fahren.

Das überreiche Angebot an Transportmitteln macht unser Bedürfnis, zu Fuß zu gehen, noch anachronistischer. Die Hitze nimmt zu. Wir legen die eine oder andere kurze Rast am Seeufer ein, vor allem zum Trinken. In Pörtschach, noch eine Stadt, die aussieht wie ein Modesalon, angelegt auf äußerst gepflegtem Kiesgrund, erstehen wir in einem Supermarkt Äpfel und Bananen. Ich stehe schwitzend vor der Kassiererin, die mir das Restgeld herausgibt. Unser einziger Kontakt zur Außenwelt läuft über diese Angestellten, die immer gefangen sind in der Eintönigkeit ihrer Arbeit. Als Menschen sind sie mir sympathisch. In ihren mechanischen Gesten jedoch – Auskunft geben, die Ware aussuchen, sie einpacken und die Plastiktüte herüberreichen, grüßen – bemerke ich die entsetzliche Gefahr der Serialität.

Zygmunt Bauman behauptet, der industrielle Fortschritt dieses Jahrhunderts sei wie eine Krebszelle, die sämtliche Potentiale für die Massenvernichtung enthalte. Aus diesem

Grunde besteht er auch auf einem Zusammenhang zwischen Buchenwald und Detroit, dem Standort der großen amerikanischen Automobilkonzerne. Seiner Ansicht nach sind das bürokratische Konzept zur Regelung der Produktionsordnung, bestimmte zweckrationale Aspekte der westlichen Zivilisation sowie die Verbindung zwischen Wollen und Handeln Prinzipien, die die moderne Gesellschaft mit den Konzentrationslagern teilt.

»Denn der Horror war weniger das Böse, zumindest nicht im wesentlichen, als das Drumherum, der Schmuck, der Apparat, kurz, der Schein.« (Jorge Semprún, *Schreiben oder Leben*)

Auf einer Wiese am See spielen ein paar Kinder. Im Wasser plantschen zwei übergewichtige Jugendliche. Einer von ihnen kommt ans Ufer und spuckt auf die Steine. Dann spritzt er das Ufer naß, um die Spucke fortzuspülen. Immer wieder, nur zehn Meter hinter uns, fahren Züge vorbei. Vor einundzwanzig Jahren errechnete Uwe Johnson einen Ferienverkehr von fünfunddreißig Zügen pro Tag zwischen Villach und Klagenfurt, den Güterverkehr nicht eingerechnet. Inzwischen sind es bestimmt noch weit mehr geworden.

Bauman belegt seine These, indem er die Erkenntnisse der Soziologie unter Anklage stellt, die ihn geprägt haben. Der traditionellen Denkschule zufolge wäre die Moral nämlich ein Produkt der Gesellschaft. Bedenkt man aber, daß die Massaker des zwanzigsten Jahrhunderts von ganz gewöhnlichen Menschen begangen wurden, nicht etwa von Ungeheuern, wie der Laie zuweilen annehmen möchte, wird obige Auffassung unbefriedigend. Für Bauman erschließt sich das ethische Gewissen aus einer Art absoluter Verantwortung.

Ich habe meinen Oberkörper entblößt. Unser Instinkt treibt uns ins Wasser, doch ihm nachzugeben zöge eine Reihe zeitraubender Aktivitäten nach sich, mit denen wir uns im Augenblick nicht aufhalten möchten: Abtrocknen,

Wechseln der Kleidung. Außerdem müssen wir unsere Kräfte schonen, sie gleichsam horten. Wieder donnert ein Zug vorbei, nur fünfzig Meter hinter der Stelle, wo wir im Gras liegen. Die Waggons, die an uns vorbeifahren, sehen ungewöhnlich aus, sind mit Farbe besprüht wie die Untergrundbahnen der großen Metropolen. Der Pfiff, der Luftzug, die Gesichter am Fenster und der Maschinenlärm sind wie ein jäher Paukenschlag, der die großen Vögel von den Bäumen scheucht. Ihr Flügelschlag, wie sie in Richtung Berge fliegen, erinnert an das Geräusch von Teppichklopfern.

Der gesamte Apparat, der den Völkermord des zwanzigsten Jahrhunderts möglich machte, beruhte auf einer Auslöschung des Prinzips Verantwortung: Im nationalsozialistischen Deutschland fühlte sich der einzelne Mensch abgesichert, nicht unmittelbar schuldig. Auf diese Weise wird die moralische Autorität ihres Zepters enthoben, ohne in Frage gestellt oder geleugnet zu werden.

Wir gehen weiter in der glühenden Sonne. Ich entlaste meine Schultern, indem ich den Rucksack mit den Händen stütze. Am Abend werde ich im Bereich der Ellbogen Sonnenbrand entdecken. Wir marschieren an Gärten vorüber, auf deren Rasenflächen sich wie in Werbeprospekten Leute sonnen oder sorglos miteinander schmusen. Alle, die uns entgegenkommen, ob Radtouristen, junge Leute auf *roller skates* oder Spaziergänger gesetzteren Alters, sagen *Grüß Gott!* Irgendwann räumt der Wörther See symmetrisch angelegten Gärten das Feld, die die Kanäle von Klagenfurt ankündigen.

Bauman, der die Theorie der absoluten Verantwortung aufstellt, übernimmt ein paar Anregungen von Emmanuel Lévinas, der sich wiederum auf einen Ausspruch Dostojewskijs stützt: »*Wir sind unentwegt für alles, für alle und vor allen verantwortlich, und ich mehr als alle anderen.*« Das ist folgendermaßen zu deuten: Kaum wirft ein anderer

Mensch einen Blick auf uns, werden wir zu Subjekten. Der sogenannte »soziale Pakt«, von dem sich die Rechtsverbindlichkeiten ableiten, kommt nach dieser Phase. Der Völkermord wurde erst verwirklicht, als es keine absolute Verantwortung mehr gab, eine Abrüstung, ermöglicht durch die Beschaffenheit unseres derzeitigen technologischen Fortschritts, die eigenartigerweise Hand in Hand geht mit dem von der Mehrheit akkreditierten Selbstverständnis des Künstlers im zwanzigsten Jahrhundert. Die Voraussetzungen für den Völkermord schufen einerseits die Bürokraten, die sich in der exekutiven Geste neutralisierten, andererseits die Künstler, die der Pflichten des gewöhnlichen Menschen enthoben sein wollten. Es scheint unglaublich, aber das Wort *Verantwortung* taucht in deutschen Wörterbüchern erst in den zwanziger Jahren auf.

Wir gehen weiter, Seite an Seite, und gleichen dabei den Rhythmus unserer Schritte an. Vor mir schrumpfen die Bilder, mein Blick wird gleichsam konvex. Dennoch legen wir eine gewisse Würde an den Tag, ein untrügliches Zeichen dafür, daß uns die Kräfte noch nicht verlassen haben. Das Wort *Zentrum* versetzt uns einen elektrischen Schlag. Wir pirschen uns die Kanäle entlang wie Pioniere. Ich hätte nicht gedacht, daß Klagenfurt eine so ausgedehnte Peripherie besitzt. Die Reihe der Einfamilienhäuser scheint endlos. Es ist einer dieser strahlend schönen Nachmittage, wie man sie als Kind erlebt, wenn man sich sechs Stunden lang im Freien herumtreibt, ohne zu ahnen, wie tief sich einem sogar das Loch in der Hosentasche einprägen wird.

Ich drehe und wende den Gedanken der Verantwortung im Kopf herum, ohne recht zu wissen, was ich davon halten soll, und am Ende muß ich zugeben, daß ich ihn nicht teilen kann. Als ich nach Klagenfurt komme, ertappe ich mich dabei, wie ich das Protokoll aufsetze, das ich statt dessen unterzeichnen würde.

Artikel eins: Die Behauptung, wir seien imstande, das sogenannte Leid der Welt auf uns zu nehmen, entspringt stets der niederträchtigen Schläue dessen, der in sich selbst die Bücher fälscht.

Artikel zwei: Unflexibilität bei persönlichen Entscheidungen schwächt im Falle eines Angriffs die psychische Abwehr.

Artikel drei: Jede ethische Entscheidung muß auf die Illusion verzichten können, daß Gegensätze zu überwinden sind.

Wir kommen ins Zentrum, bedeckt vom Staub der Straße wie Landstreicher. Die Menschen um uns herum sind unglaublich frisch und elegant, als wären sie gerade der Dusche oder Badewanne entstiegen; dennoch besteht zwischen ihnen und uns kein wirklicher Unterschied. Ich habe den Eindruck, als sei die Anstrengung, die ich auf mich nehme, vergleichbar mit der eines Ausflüglers, ein angenehmer Zeitvertreib wie so viele, in deren Genuß die Generationen nach dem Krieg gekommen sind. Doch anstatt mich zu entmutigen, schürt diese Idee in mir den Wunsch, weiterzugehen, weil sie nicht nur den Abstand zu den Vätern bemißt, sondern auch die Identität der Söhne präzisiert.

»Ich weiß nicht, wie weit ich noch gehen kann, wann die Grenze meiner Kraft erreicht ist. Da sind zwei Füße, die über den Boden schleifen, und ein Kopf, der nach unten hängt. Ich könnte hier hinfallen, hätte auch schon früher hinfallen können, es gibt keinen bestimmten Moment, in dem man hinfällt, in dem man hinfallen muß. Ich werde hinfallen oder nicht hinfallen, und wenn ich hinfalle, dann hat mein Körper es so entschieden. Ich weiß nichts mehr, außer, daß ich nicht mehr weiterkann und trotzdem weitergehe.« (Robert Antelme, *Das Menschengeschlecht*)

Wir finden ein kleines Hotel am anderen Ende der Stadt (Liebetegger, Völkermarkter Straße 8). Am Abend überwinden wir unsere Erschöpfung und gehen essen. Die Geschäfte schließen gerade. Unsere Beine ähneln steifen Stökken. Mein Blick ist vor Müdigkeit trübe geworden. Ohne den Rucksack geht es sich wie auf Wolken. Ich verstehe jetzt, warum Basketballspieler ihre Sprünge mit Gewichten an den Füßen trainieren.

Wir sind zu müde zum Sprechen. Ich habe den Eindruck, als verliefe der normale Alltag auf Rollen, wie eine Art Motor auf dem Prüfstand: Junge Männer hasten geschäftig zu Verabredungen, die – der Konzentration nach zu urteilen, die sich auf ihren Mienen abzeichnet – in irgendeiner Weise für sie entscheidend sind; die Tische der Straßencafés werden gerade angekettet; die Kellnerinnen der Wienerwald-Gaststätten binden ihre geblümten Schürzen um, bevor sie in den Biergärten mit gezückten Blöcken in Aktion treten.

Obwohl es bereits neun Uhr abends ist, ist der Himmel noch immer blau. Die laue Sommerluft vermittelt eine Stimmung fast zwangsläufigen Wohlbefindens. Dessenungeachtet rauchen die Taxifahrer auf dem Marktplatz gelangweilt ihre Zigaretten. Wir sitzen auf der kleinen Bank wie fahrende Sänger. Nach einer Weile gehen wir in Richtung Fußgängerzone. Dieses Herumschlendern stärkt mich wieder. Viele alte Leute sind unterwegs. David Rousset stellte in Buchenwald erstaunt fest, daß dort die Hierarchie des Alters aufgehoben war: *»Es zählt allein die Macht.«* Ich starre, ein paar Sekunden länger als nötig, auf das Etikett, das aus dem Kragen der leichten Baumwolljacke lugt, die die alte Frau vor mir trägt.

Perlen vor die Säue

Spätes Erwachen und sofortiger Beschluß, die Strecke bis zur Burg Hochosterwitz, ungefähr vierzig Kilometer nördlich von Klagenfurt, zu Fuß zurückzulegen. Dieser Plan ist in Anbetracht der Hitze und unseres Muskelkaters etwas verschroben. Die Sonne erklimmt gerade die höchsten Alpengipfel. Wir verlassen die Stadt auf halbleeren Gehwegen, auf denen die frenetische Geschäftigkeit allmählich zu zerbröseln scheint.

In einem der letzten Supermärkte stelle ich mich in die Schlange beleibter Matronen mit geröteten Gesichtern und erstehe ein stahlgraues T-Shirt, weil ich nach einem Fußmarsch von nicht einmal einer halben Stunde schon wieder schweißgebadet bin: nur für den Fall, daß ich ein trockenes Kleidungsstück brauche, wenn ich auf der Burg bin. Daß ich dort ankommen werde, stelle ich gar nicht erst in Frage. Die Damen kaufen Stretchhöschen. Ihre beachtlichen, wabbeligen Unterarme, die über der Handtasche aus Krokolederimitat liegen wie Stümpfe, belustigen mich.

Klagenfurt hört nach einer Kreuzung plötzlich auf. Wie auf dem Weg von Villach nach Velden stehen wir mit einem Mal auf der Landstraße und folgen der durchgezogenen Linie am linken Fahrbahnrand. Ich fühle mich sofort wie ein Krustentier ohne Schale. In dieser Situation wird der blaue Hut mit Krempe unverzichtbar. Ich begreife, daß ich einen schlimmen Fehler begangen habe, mit bloßen Armen zu wandern. Die Sonne fängt an, gnadenlos auf uns niederzubrennen.

Im Gehen kommt mir wieder die Zeugenaussage des Fahrers Höfer in den Sinn. Am 29. und 30. September 1941 wurden am Babi Jar 33 771 Juden getötet: *»Es gab nur zwei Schützen, die die Erschießungen vornahmen. Einer stand an einem Ende der Schlucht, der zweite am anderen. Ich sah, daß die Schützen auf den Leichen standen, die sich angehäuft hatten, während sie einen nach dem anderen erschossen. Kaum war ein Jude tot, ging der Schütze über die Leiche des Erschossenen zum nächsten, der sich inzwischen hingelegt hatte, und ermordete ihn. Er ging wie auf einem Förderband, ohne Unterschied zwischen Männern, Frauen oder Kindern. Letztere wurden bei ihren Müttern gelassen und mit ihnen umgebracht.«* (Ernst Klee, *»Schöne Zeiten«. Judenmord aus der Sicht der Täter und Gaffer*)

Wir gehen vierzehn Kilometer in der prallen Sonne bis nach Pischeldorf und haben das Gefühl, in einem Dampfkessel zu arbeiten. Die Vorstellung von Österreich als einem alpinen Land mit Eis und Schnee scheint von einem hämischen Kobold aus Kindertagen erfunden worden zu sein. Das Asphaltband windet sich in langgezogenen Kurven durch die hügelige Landschaft: Vom Flugzeug aus dürfte es an ein ausgeleiertes Gummi erinnern. Autos sind verhältnismäßig selten. Wir gehen gleichmäßigen Schrittes von Wegkreuz zu Wegkreuz. Fast an jeder Ausbuchtung der Straße unterteilen bunte Votivbilder von Madonnen und Mönchen die Strecke und legen uns Pilgern nahe, das grelle Grauen ringsum neu zu definieren.

Jelena Jefimowna Borodjanskaja-Knysch traf mit ihrer vierjährigen Tochter nach Sonnenuntergang in Babi Jar ein. Als sie in die Nähe der Schlucht kam, erblickte sie Hunderte nackter Leichen von Menschen, die man zuvor erschossen hatte. Jelena warf ihr kleines Mädchen in diese Masse von Leichen und sprang dann selbst. *»Ein paar Sekunden später begannen bereits andere Körper auf sie herunterzustürzen. Dann wurde es still. Die Frau schuf sich genügend*

Raum, um atmen zu können. Wieder regnete es Erschossene auf sie nieder. Eine Viertelstunde später hörte Jelena, daß ein deutscher Soldat in den Graben gestiegen war: Mit dem Bajonett versetzte er den Sterbenden den Todesstoß. So unglaublich es auch erscheinen mag, aber dieser Frau gelang es, sich zu retten: Ohne sich sehen zu lassen, kletterte sie mit dem Kind im Arm über die blutigen Leichen wieder nach oben. In der Nacht lief sie ins Dorf Babi Jar: Vier Nächte lang versteckte sie sich im Keller einer Ziegelei, bis eine Freundin kam und sie bis zur Befreiung beschützte.« (Ilja Ehrenburg; Wassili Grossman, *Das Schwarzbuch. Der Genozid an den sowjetischen Juden*).

In einem Gasthof bestellen wir alle Kuchen. Es ist nicht einfach, der Bedienung klarzumachen, welchen wir möchten. Ich begleite sie in die Küche und deute mit dem Finger auf die betreffenden Stücke. Zwei ausgelassen laute Familien setzen sich an den Nebentisch. Die Frauen sind in beginnender Mutterschaft wie in Watte gepackt. Die Männer sehen uns neidisch an, wie Stuntmen die Schauspieler, für die sie vor jeder gefährlichen Szene rasch einspringen müssen. Oder bilde ich mir das ein? Ihnen gegenüber fühle ich mich privilegiert, erlebe ich die alte Distanz zwischen kontemplativem und aktivem Menschen: ein unüberwindlicher, grasbewachsener Graben.

Im KZ starben die Intellektuellen als erste. Ihr Wissen um die angeborene Grausamkeit des Menschen schwächte ihre psychischen Abwehrkräfte angesichts der Gewalt, die sie erlitten.

»Entlang der Via Appia stellte man die gekreuzigten Sklaven zur Schau, und in Birkenau verbreitete sich der Gestank verbrannter Leichen. Wir waren nicht die Crassusse der Situation, sondern die Spartakusse.« (Jean Améry, *Jenseits von Schuld und Sühne*)

Wir trinken Eistee aus einer steifen Tüte, bevor wir uns wieder auf den Weg machen, Laubfrösche am Ufer des

Teichs. Es ist zwei Uhr nachmittags. Unsere Muskeln schmerzen. Die Sonne ist eine Dampfwalze. Wir sehen ein, daß wir die Burg nie aus eigener Kraft erreichen werden. An der Bushaltestelle auf freiem Feld schauen wir auf den Fahrplan: Der nächste Bus müßte in ein paar Stunden vorbeikommen, wenn überhaupt einer fährt, weil heute Samstag ist. Die unleserlichen Kreidebuchstaben lassen nichts Gutes ahnen.

Plinio streckt den Daumen aus, er will per Anhalter fahren. Das dritte Auto hält, ein junger Bursche mit überschulterlangem blonden Haar, Arbeitsoverall und Akne. Er wird uns bis zur Abzweigung nach Brückl mitnehmen. Ich sitze vorn und halte die Wasserflasche zwischen den Knien. Das Auto dürfte ein alter Opel Corsa sein. Der Bursche fährt wie sein berühmter Landsmann Niki Lauda und produziert in den Kurven sogar das charakteristische Reifenquietschen. Die Schlüssel hängen an einem kleinen Totenschädel. Ohne seine Hilfe würden wir die Burg niemals erreichen. Und wenn doch, wären wir am nächsten Tag bestimmt mit unseren Kräften am Ende gewesen. Wie Napoleon will auch ich meine Leibgarde nicht tausend Kilometer vor dem tatsächlichen Ziel Stellung beziehen lassen.

Aber was ist denn unser tatsächliches Ziel? Auschwitz? Warum ausgerechnet Auschwitz? Nur weil meine Mutter beinahe dort gelandet wäre? Oder weil ich die letzten paar Jahre fast ausschließlich Bücher über Konzentrationslager gelesen habe? Und warum habe ich das getan? Warum habe ich Levi, Antelme, Borowski, Semprún, Todorov, Herling, Sereny, Solschenizyn, Bauman, Bettelheim, Marrus, Sinjawskij, Schalamow, Améry, Wiesel und all die anderen gelesen?

Will ich den Sadismus erforschen? Als die Deutschen in Rußland einmarschierten, operierten hinter den Linien der Wehrmacht mehrere Spezialeinheiten, die sogenannten

Einsatzgruppen. Die Kommandanten dieser Einheiten (anfangs Stahlecker, Nebe, Rasch und Ohlendorf) waren nicht selten gebildete Menschen, Männer zwischen dreißig und vierzig Jahren. Ich habe mich auf ihre Biographien konzentriert wie der Chemiker auf das Mikroskop. Bei der von Ohlendorf bin ich auf etwas Mysteriöses gestoßen: Er absolvierte sein Juraexamen, nachdem er an den Universitäten Leipzig, Göttingen und Pavia studiert hatte. Gegen Ende der dreißiger Jahre wurde er Wirtschaftsexperte. Dann, scheinbar grundlos, der Sprung ins Leere.

Ernst Biberstein, Kommandant des Einsatzkommandos 6, einer der vier Einsatzgruppen unterstellt, war ein protestantischer Pfarrer gewesen. Bei den Nürnberger Prozessen definierte er den Genozid als legitimen Strafvollzug. Jemand hatte den makabren Einfall, ihn zu fragen, ob er jemals Gottesdienste gefeiert hätte für seine Opfer. Biberstein entgegnete, man dürfe doch nicht »Perlen vor die Säue werfen«. (Ernst Klee, *»Persilscheine« und falsche Pässe. Wie die Kirchen den Nazis halfen*)

Diese Regimenter verteilte man in kleinen Trupps entlang der Front, während die Vorhut des deutschen Heeres in die Städte einrückte. Ein zwölfjähriger Junge, David Rubinowicz, hat in seinem Tagebuch, das man nach Kriegsende wiederfand, die Angst in einem polnischen Dorf beschrieben, das von einem dieser Trupps heimgesucht worden war. Die Einsatzgruppen mußten nicht mit dem Feind kämpfen. Sie erschossen kaltblütig Tausende von Juden vor riesigen Gruben. Nicht alle waren tot, als Erde auf sie fiel: viele von ihnen erstickten.

Die sogenannten »chaotischen Eliminierungen«, wie Léon Poliakow sie nennt – Raul Hilberg spricht in diesem Zusammenhang von »mobilen Einsatzkommandos« –, stellen noch mehr als die Gaskammern das schwarze Kapitel des Jahrhunderts dar. Das Vergasen verhinderte im Gegensatz zum Genickschuß ein unmittelbares Zusammentreffen von Mördern und Opfern. Die Säuberungsaktionen in den polnischen Ghettos implizierten die sofortige Erschießung von Alten, Frauen und Kindern. Wie Jelena Jefimowna Borodjanskaja-Knysch wurden Tausende von Menschen in die Wälder getrieben, wo man sie zwang, in die Grube zu springen, bevor man sie erschoß. Neben den Einsatzgruppen gab es auch Hilfstruppen der SS, die man aus den sowjetischen Gefangenenlagern rekrutierte, sogenannte »Hiwis«, die ausschließlich für Massenhinrichtungen zuständig waren.

Der Junge fährt uns bis nach Brückl. Von nun an nennen wir ihn in unseren Gesprächen Cireneus. Wir gehen zu Fuß weiter nach Burg Hochosterwitz. Das Straßenschild verrät uns, daß es noch sieben Kilometer sind. Die Sonne ist noch immer glühend heiß: Wir könnten ebensogut in Tanger oder in Tripolis sein. Ich wickle mir das neue T-Shirt um den rechten Arm und eines von Plinio (der ein langärmeliges Hemd trägt) um den linken, so daß ich aussehe wie ein Gladiator in den Comics. Wir gehen die Serpentinen hinauf.

Obwohl selbst die Hiwis beträchtliche Mengen Alkohol benötigten, um ihrer Aufgabe gewachsen zu sein, soll man nicht etwa glauben, daß ausschließlich Verbrecher und Verzweifelte zu Greueltaten bereit waren. Im Gegenteil, oft wurden Verbrechen der grausamsten Art von ganz normalen Durchschnittsmenschen begangen.

Christopher R. Browning hat das Reservebataillon 101 der Deutschen Polizei genauer unter die Lupe genommen, das von 1942 bis 1943 mindestens 38 000 Menschen füsiliert und ungefähr 45 000 in das berüchtigte Vernichtungslager Treblinka deportiert hatte. Die Männer vom Bataillon 101 waren, angefangen beim Kommandanten Trapp, nicht so verroht, wie man meinen könnte. Sie waren nicht mehr jung, also im vornationalsozialistischen Deutschland groß geworden, und ihre Vergangenheit unterschied sich grundlegend von der der SS-Leute.

Einer von ihnen lehnte es von vornherein ab, sich an den Massenerschießungen zu beteiligen. Anderen gelang es später, sich zu entziehen. Die überwiegende Mehrheit jedoch beteiligte sich, als der Schock des ersten Mals überwunden war, aktiv an den Gemetzeln, bei denen man die Häftlinge durch Genickschuß tötete. All dies basiert auf Zeugenaussagen während eines Prozesses in Hamburg in den sechziger Jahren.

Plötzlich taucht hinter einer Straßenbiegung die Burg auf: Walt Disney mußte von ihrem Anblick dermaßen fasziniert gewesen sein, daß er sie als Modell in einem seiner Zeichentrickfilme verwendete. Türmchen und Zinnen ragen über den Tuffsteinfelsen hinaus und heißen uns willkommen. Busse fahren dort keine hinauf. Wir gönnen uns eine Verschnaufpause auf der sonnenbeschienenen Wiese. Dann beginnen wir die Stufen zum Schloß hinaufzusteigen. Nach ein paar kurzen steilen Windungen gelangen wir in die Nähe des Eingangstors.

Wir verschmähen den stickigen Aufzug, der vom Parkplatz zum Gebäude hinaufführt, und erstürmen die Burg zu Fuß, durch die vierzehn Torbauten. Wir werfen einen kurzen Blick in den Waffensaal, haben genug gesehen und setzen uns auf eine Bank. Sobald die Wadenmuskeln kalt werden, sind sie stahlhart und hindern unsere Schritte. Wir müssen langsam weitergehen. Wir besichtigen so gut wie gar nichts. Hauptsache, wir sind hier. Unten auf dem kleinen Vorplatz sind wir die verlorene Patrouille. Ein italienisches Pärchen mit Hund nähert sich seinem Landrover. Wir fahren mit den beiden in den Ort hinunter.

Ich mache mir eine Liste von den wichtigsten Erklärungsversuchen des Völkermordes, der vor fünfzig Jahren in industriellem Ausmaß begangen wurde: Adornos These von bestimmten psychischen Merkmalen autoritärer Individuen; die von John Steiner und Erwin Staub von der Existenz gewalttätiger, wenn auch »schlafender« Elemente im menschlichen Empfinden; die von Zygmunt Bauman (belegt durch seine Erfahrungen im Gefängnis) von der perfekten sozialen Konditionierung; die von Stanley Milgram von der Obrigkeitshörigkeit und nicht zuletzt die Überlegungen von Primo Levi über die sogenannte »Grauzone«, in der sich Opfer und Täter berühren.

Keine dieser Thesen kann für sich alleine stehen, alle zusammen bilden die Wahrheit. Browning schließlich hebt das Spezialistentum hervor und das daraus resultierende Gefühl des Abstands zum anderen, das die moderne, industriell organisierte Gesellschaft prägt. Es ist keineswegs sicher, daß im Zeitalter der Informatik der Herdeninstinkt nicht wieder erwachen kann, wenn auch in verkleideter Form.

Wir verlassen den Landrover in der Nähe des Bahnhofs, neben dem Robert Musil gewidmeten Museum.

Und dann frage ich mich: Kann es Zufall sein, daß ausgerechnet Franz Kafka – ein deutschsprachiger Jude – als erster die Monstrosität des kleinen Bürokraten erahnte?

Die Färbung der Sichtweise

Ich sitze rittlings auf dem Fensterbrett und steche mir mit der Sorgfalt einer Frau, die sich die Nägel lackiert, die Blasen an meinen Füßen auf. In meinem Alter, im Mittelpunkt des Felds, von dem aus man auf das Erlebte zurückblicken kann und das Zukünftige abzuschätzen weiß, sind die Würfel bereits gefallen. Damit will ich folgendes sagen: Es wird, so hoffe ich, auch weiterhin Bücher für mich geben, erfundene oder wahre Geschichten, die mich heiter oder traurig stimmen. Aber meine Sichtweise wird sich durch sie nicht mehr neu färben: Die Schriftsteller, die sie geprägt haben und auf die ich meine Emotionen und Wünsche projiziert habe, werden bis zu meinem Tod unauslöschlich bleiben und noch darüber hinaus, falls ich die Kraft habe, Freunde und Freundinnen zu inspirieren.

Joseph Conrads »Umherirrende auf dem Archipel«, die sich im Labyrinth ihres Selbst verlaufen haben, waren mir in meiner Jugend Trost. Wären sie nicht gewesen, diese heraldischen Verächter öffentlicher Aktionen, weiß ich nicht, was ich der Leere hätte entgegensetzen sollen, wie ich der Versuchung des strukturierten Individualismus hätte widerstehen können, dessen Vertreter sich naserümpfend von dem distanzieren, was sie als die Mittelmäßigkeit der anderen betrachten.

Früher einmal hätte ich gesagt: In Conrad, dem Vorbild für gewaltige, transzendentale Visionen, leben die Ungeheuer, die Ausgestoßenen unseres Selbst neben den unerreichbaren Helden unserer ehrgeizigsten Träume, und beide Heere werden hin und wieder von feierlichen Entscheidungen zusammengeführt, die uns die Würde des Menschen spüren lassen.

Heute habe ich diese Illusionen nicht mehr. Inzwischen ist Aufrichtigkeit allzu wohlfeil, paßt zu gut zum eigenen Selbstbild. Ich bin mit denen einverstanden, die den Naiven den eigentlichen Sinn eines Tagebuchs verheimlichen, ihnen nicht verraten, daß es den Autor zum Objekt der Begierde machen soll. Weshalb ist André Malraux nach Indochina gereist? Er war auf der Suche nach authentischer Erfahrung, weil er fühlte, daß sie uns allen abhanden gekommen war. Und er suchte sie nicht auf die Art eines André Gide; der war ihm weit unterlegen, weil er persönliche Ziele verfolgte. Hongkong ist deshalb bei Malraux nichts anderes als ein Gehupe in einer weißbehosten Menge, der Orient ein Moskitonetz, Paris die Zigarettenstummel in den Aschenbechern der Bars, Spanien ein stilles Kloster kurz vor dem Luftangriff, die Literatur eine Münze im Dreck, das Leben ein Aufeinanderschichten eleganter und verzweifelter Menschen.

Als ich den Reiseführer konsultiere, entdecke ich, daß es in Sankt Paul im Lavanttal, an der slowenischen Grenze, ein Benediktinerkloster gibt, das 1091 gegründet wurde und zu den bemerkenswertesten sakralen Bauwerken des Landes Kärnten zählt. Ich habe große Lust, es zu besichtigen. Zunächst allerdings müssen wir ein paar praktische Dinge erledigen. Am Nachmittag begeben wir uns in die Kirche des heiligen Ägidius, deren stattlicher Turm, wie es in den Prospekten heißt, bereits von Klagenfurt aus zu sehen ist.

Wir nehmen am Gottesdienst teil, in einer der vordersten Reihen kauernd, und verstehen kein Wort, wie Elektriker oder Kameramänner. Eine alte Frau mit schiefsitzender Perücke dreht sich zu mir um und streckt mir die Hand hin. Ich drücke sie. Die Gläubigen singen. Ich weiß nicht, ob ich mich hinsetzen soll oder besser stehen bleibe. Ich singe falsch. Ich kann gar nichts. Ich habe das Gefühl, als säße ich auf dem Kutschbock, um die Pferde zu lenken.

Die Orgel ist eine mächtige Lunge, ein riesiger Autoklav. Nach dem Gottesdienst begleitet uns ein junger Bursche in Cowboystiefeln in die Sakristei, und wir zeigen dem Geistlichen den Brief, der bestätigt, daß wir nach Auschwitz pilgern. *»Ich bitte die katholischen Einrichtungen, die Klöster und alle Priester, den drei Pilgern Gastfreundschaft zu gewähren. Sie werden anschließend ihre Erinnerungen in einem Buch festhalten, um den Frieden und die Toleranz unter den Menschen zu befördern.«*

Wir fragen, ob man uns nicht eine Nacht in Sankt Paul beherbergen könnte. Die Reaktion ist nicht gerade ermutigend: Der Pfarrer behauptet zunächst, kein Italienisch zu sprechen, und übergibt uns der Obhut des Organisten. Später wird sich erweisen, daß er sehr wohl unserer Sprache mächtig ist. Wir versuchen, dem dicken Kaplan unser Anliegen zu erläutern, obwohl der Brief im Grunde deutlich genug ist.

Allgemeine Verwirrung. Wir verlassen die Kirche. Alle beugen die Knie und bekreuzigen sich, der Pfarrer, der Organist, der dicke Kaplan und der Junge mit den Cowboystiefeln, und die zusammengewürfelte Schar erinnert mich an eine alte Aufnahme von Fellini: ein paar gerade eingetroffene Paparazzi knien nieder, um eine Berühmtheit zu photographieren.

Der Organist fragt uns, was uns denn nach Auschwitz führe, in dieses »Museum des Grauens«, wie er sich ausdrückt. Er erwischt mich völlig unvorbereitet, *we must write a book*, antworte ich ihm. Aus irgendeinem Grund scheint das auch dem Pfarrer zu genügen. Im Pfarrhof ruft er im Kloster an, aber es ist sieben Uhr abends, Vesperzeit, und keiner geht ans Telefon. Wir sehen einander ratlos an. Der Pfarrer will anscheinend nicht insistieren. Aber am Ende erreichen wir doch noch, was wir wollen. Wir dürfen in der Abtei nächtigen.

Am selben Abend lassen wir unser Empfehlungsschreiben in dem Lokal liegen, in dem wir den Kaplan und den Organisten wiedergetroffen haben. Wir gehen den Weg noch einmal zurück, stochern im Schmutz herum, bis uns dann eine Bedienung den wertvollen Umschlag bringt.

Unter dem blauen Himmel wirkt Klagenfurt mit seinen habsburgischen Palästen, seinen Kirchtürmen und Säulengängen wie eine Kulisse. Am 16. März 1938 marschierte das deutsche Heer in die Stadt ein. Der Chef der nationalsozialistischen Polizei sprach den Einheimischen seinen Dank aus für den herzlichen Empfang und versicherte, er habe sich ganz wie zu Hause in Deutschland gefühlt.

Die alten Frakturen tauchen nach der übermenschlichen Anstrengung von gestern wieder auf wie Felsbrocken bei Ebbe. Wir gehen durch die menschenleere Fußgängerzone mit ihren geschlossenen Geschäften, leeren Bänken, spärlich erleuchteten Fenstern. Ich sehe, wie sich unsere mageren Gestalten zwischen Jacken und Hüten in den trüben Scheiben spiegeln. Ich denke an Moosbrugger, den Massenmörder von Robert Musil: Sollte er, der gut war und böse zugleich, der Prototyp des Nazi sein?

»Man hatte ihn während seines von den Verbrechen eines unheimlichen Blutrausches unterbrochenen ehrlichen Lebens ebenso oft in Irrenhäusern zurückgehalten wie entlassen, und er hatte als Paralytiker, Paranoiker, Epileptiker und zirkulär Irrer gegolten, ehe ihm in der letzten Verhandlung zwei besonders gewissenhafte Gerichtsärzte seine Gesundheit wieder zurückgaben.« (*Der Mann ohne Eigenschaften*)

Das Phänomen Nationalsozialismus betrifft die menschliche Natur. Marguerite Duras beteuerte, Robert Antelme, ihr Mann, habe, als er aus dem KZ kam, weder Ideen noch Rassen, noch Völker, sondern nur den Menschen allein angeklagt.

Ich hebe die Ankündigung einer Modenschau vom Boden auf, auf der man ein schwarz gekleidetes Photomodell sieht, das innerhalb einer Umzäunung aus Stacheldraht posiert. Ich frage mich, was Serge Daney wohl dazu sagen würde, der sich, wie Jacques Revette in einem 1961 in den *Cahiers du Cinéma* erschienenen Artikel schrieb, bereits über eine Einstellung in *Kapò* von Gillo Pontecorvo echauffierte.

Was würde er wohl sagen zu diesem Photo, das an sämtlichen Mauern der Stadt Klagenfurt klebt und auf dem die Erinnerung an das Massaker verblichen beziehungsweise so tief abgesunken ist, daß es wie die Leiche eines toten Kindes wieder aus dem Unterbewußtsein eines skrupellosen Photographen hervortauchen konnte, ohne daß irgend jemand auf die Idee gekommen wäre, Rechenschaft von ihm zu fordern?

Die Mönche

Im Gästehaus des Benediktinerklosters Sankt Paul rekapituliere ich noch einmal die Ereignisse des Tages. Heute morgen, als wir uns am Eingang des Gebäudes präsentierten, haben wir dem Angestellten des angrenzenden Museums ein paar Probleme bereitet: Er blickte ratlos, ohne zu begreifen, was wir wollten, in unsere verschwitzten Gesichter. Schließlich ließ uns ein Mönch in die Abtei ein. Nachdem wir die Rucksäcke auf die Bank im Korridor gestellt hatten, gingen wir mit ihm in die Kirche. Nach ein paar Minuten kamen noch zwei weitere Benediktiner, ein großer dicker mit dunklen Zügen und ein jüngerer mit dünnem Bärtchen, und nahmen sich unser an.

Während wir vor unseren hölzernen Kirchenbänken standen, überkam uns eine wunderbare Ruhe. Den zarten Wandmalereien hatte die Zeit fast nichts anhaben können. Unterhalb der Decke bemerkten wir drei Glasrosetten. Die Mönche beteten und erhoben sich dabei, einem festen Ritual gemäß, immer wieder von ihren Bänken; wir taten es ihnen gleich. Beim Klang der deutschen Sprache mußte ich unweigerlich daran denken, daß sie ebenso laut und feierlich, wie sie sich jetzt innerhalb dieser Kirchenmauern kundtat, vor fünfzig Jahren in den Baracken von Birkenau ertönt war, zu denen wir unterwegs waren. Da stellte ich mir wieder die alte Frage: Lassen sich in der Geschichte dieses Volks die Voraussetzungen für den Nationalsozialismus erkennen?

Das ist eine höchst umstrittene Frage. Norbert Elias deutet an, daß dem so sei. Philippe Lacoue und Jean-Luc

Nancy bejahen sie ausdrücklich. Elie Wiesel dagegen schrieb, daß es allzu bequem wäre, die gesamte Schuld zum Beispiel auf einen Eichmann zu schieben. Ohne die Mithilfe und das schweigende Einvernehmen der Ukrainer, Slowaken, Polen, Ungarn und Rumänen hätten die Deutschen nicht alles bewältigen können. Im übrigen sei merkwürdig, daß die Eisenbahnschienen nach Auschwitz niemals von den Alliierten bombardiert worden seien. Selbst die amerikanischen Juden seien fast gleichgültig geblieben. Und die Zeitungen in Tel Aviv hätten in der Zeit von 1943 bis 1944 den Massenmord in den polnischen Ghettos lediglich in ein paar kurzen Artikeln erwähnt.

Während ich die Gesichter der betenden Mönche neben mir betrachte, denke ich über die Regeln der Benediktiner nach: feste Gebetszeiten, Pünktlichkeit, Gehorsam, Schweigen, Organisation der Gottesdienste, maßvolles Essen, tägliche Arbeit, Demut und Bescheidenheit. Rein äußerlich betrachtet ähnliche Grundsätze wie in den KZ. Wie der Mönch an die Allgegenwart Gottes zu glauben hat, so mußte auch der Häftling zu jeder Tageszeit das prüfende Auge der SS auf sich spüren. Die Individuen unserer Spezies, die wie Ratten in riesigen Kisten von Stromstößen getrieben durch ein Labyrinth aus Pappe zu rennen scheinen, bringen automatisch immer wieder dieselben Mechanismen hervor.

Wir hielten uns ungefähr eine halbe Stunde in der Kirche auf. Beim Hinausgehen versuchten die Mönche, mittels witziger Bemerkungen das Eis zu brechen. Wir klammerten uns an ein notdürftiges Englisch und taten unser Bestes, ihre Fragen zu beantworten. Während wir das Refektorium betraten, blieben unsere Rucksäcke auf der Bank im Korridor, wie Zaumzeug, Geschirr und Sättel von durchreisenden Reitern.

Der Tisch war breit, weiß gedeckt, sehr lang und glich

im großen und ganzen dem der christlichen Ikonographie. Zu den drei Mönchen gesellte sich ein vierter, älter als die anderen, und servierte uns ein ausgezeichnetes Mahl: Suppe mit Kräutern und Pilzen, Huhn mit Kartoffeln und Salat. Vor und nach dem Essen stieg ein Mönch auf den Hocker in der Mitte des Refektoriums, um laut zu beten, während wir vor unseren Stühlen standen. Der dickere Mönch spricht ein bißchen Italienisch, der junge studiert Kunst und interessiert sich für die Basilika San Zeno in Verona. Der, der uns eingelassen hat, schien uns am geheimnisvollsten zu sein, während sich der Alte ganz abseits hielt. Wir erzählten von unserem dreitägigen Fußmarsch, der uns an Kärntens Seen entlangführte. Einer von ihnen bemerkte lachend, daß ihm so etwas nicht einmal im Traum einfallen würde.

Unwillkürlich kamen mir diese Männer vor wie Pappfiguren. Die kleinste Idiosynkrasie wurde sorgsam gepflegt. Nach dem Essen führten sie uns zu unseren Zimmern. Wir gingen durch einen Säulengang, dann über ein paar Stufen in einen hellen Flur, von dem verschiedene Türen abzweigten: unsere ist die am hinteren Ende links. Durch die hohen Fenster kann man das Tal überblicken. Der Parkettboden mit den Teppichen darauf verleiht den Räumen eine gewisse Strenge.

Über der Kniebank hängt das Kruzifix. Im Salon stehen ein Sofa, ein Tisch aus Mahagoni, ein gußeiserner Ofen. Von hier aus gelangt man in den Schlafraum mit den Himmelbetten; an der gegenüberliegenden Wand ist das Waschbecken angebracht. Ringsum herrscht Stille.

Um achtzehn Uhr sind wir wieder in der Kirche. Die Mönche rezitieren mit verteilten Rollen aus dem Gebetbuch: Sie machen kurze Pausen, wenn ein Sternchen den Rhythmus kennzeichnet. So verbringen sie den Großteil der Stunden und kämpfen dabei – das ist zumindest mein Eindruck –

mit bloßen Fäusten gegen sich selber. Der Kampf tobt unablässig, bei Tag und bei Nacht, im Innern ihrer Persönlichkeit. Sie ziehen wie Schneckenschleim die Stille hinter sich her, die von der inneren Prüfung herrührt, die sie auf sich genommen haben.

Der Zurückhaltendste – der uns als erster in Empfang genommen hat – versteckt den Stummel einer erloschenen Zigarre zwischen den Fingern; sein linker Daumen ist amputiert. Beide Beobachtungen verblüffen mich, scheinen sie doch von einem zähen Lebenswillen zu zeugen. Heute abend sagte mir Plinio, er hätte ihn in Zivil mit einem VW Golf hinausfahren sehen, mit seinem Hund auf dem Rücksitz.

Wer weiß? Ein Revolverheld mit geistlichem Anliegen, der etwas in sich verbrannt hat. Die Berufung ist eine scharfe Klinge, die die eigene Sehnsucht beschneidet, dabei deren schmerzhafte Flamme jedoch immer weiternährt. Es gab mehrere Momente im Leben meines Großvaters, in denen er das Verhängnis noch hätte abwenden können: kurz nach seiner Hochzeit, als Bergarbeiter in Belgien, kurz vor Kriegsbeginn und nach dem 8. September 1943. Statt dessen erhöhte er den Einsatz so lange, bis er die Männer soweit hatte, daß sie sich mit ihm in den Bergen verschanzten. Nur er kannte die Schleichwege, die zu den Stützpunkten der Partisanen führten, zwischen Flüssen und reißenden Bergbächen hindurch, weitab von den gängigen Pfaden. In den Monaten vor der endgültigen Festnahme führte er eine Gruppe junger Männer aus Isola bei Nacht und Nebel durch das Flußtal des Senio bis zum Faggiola-Massiv. Es war ein zermürbender Fußmarsch.

Die Charaktermodelle des Heiligen und des Helden gleichen sich in ihrem unverkennbaren Hang zum Pathos. Beide übermitteln, abgesehen davon, daß sie uns bewegen, Traurigkeit und Melancholie, denn indem sie sich aller Ungerechtigkeit, Gewöhnlichkeit und Endlichkeit entgegenstellen, strafen sie die beschwichtigenden Antworten Lügen, die die Mehrheit für gewöhnlich parat hat angesichts der unlösbaren *condition humaine.* Gleich Geysiren versprühen sie Lebenskraft, in sich selbst wie in ihrer Umgebung, und werden dabei zu gefährlichen, charismatischen Männern, die mit zäher Beharrlichkeit eine Veränderung anstreben.

Peter Schwiefert, geboren am 5. Januar 1917 in Berlin, war deutscher Staatsbürger und Sohn einer Jüdin, also ein Mischling laut Naziterminologie. Als solcher hatte er eigentlich nicht das Schlimmste zu befürchten. Doch als in Deutschland die ersten antisemitischen Gesetze erlassen wurden, beschloß er, sich ganz zu seiner jüdischen Abstammung zu bekennen und ins Exil zu gehen. Während des Krieges meldete er sich als Freiwilliger bei den Streitkräften des freien Frankreich. Seine Mutter, der er zahlreiche Briefe schrieb, die Claude Lanzmann aufbewahrt hat, vermutete ihn in Palästina. Er fiel jedoch am 7. Januar 1945, kurz vor Kriegsende und zwei Tage nach seinem achtundzwanzigsten Geburtstag, an der elsässischen Front.

Lebende Zielscheiben

Wir nächtigen in einer Räuberhöhle.

Heute morgen ist das Bett zerwühlt, und die Sonne scheint ins Zimmer. Das Kissen, dessen Bezug mit dem Namen eines Altersheims bestickt ist, schaukelt schlaff wie ein Taschentuch auf dem eisernen Bettgestell. Unsere Wäschestücke hängen wie armselige Vogelscheuchen seit gestern abend zum Trocknen am Fenstergriff: lange, rote Ärmel, schwarze Badehosen mit weißen Schnüren, die sich durch die Gürtelschlaufen ziehen wie die Seile einer Schwebebahn.

Zwei Sandalenpaare liegen auf dem Teppich, dessen wollige Fransen sich kräuseln. Auf der bauchigen Kommode tummeln sich folgende Gegenstände: ein tragbarer Wecker, rund und blau; eine schwarze Lampe, unsanft nach oben geknickt, damit der Effekt von indirektem Licht entsteht; das *Neue Testament*, interkonfessionelle Übersetzung, Gegenwartssprache, in der Mitte aufgeschlagen; eine Zugfahrkarte von Wolfsberg nach Graz mit etlichen Löchern vom Entwerten; eine Rechnung aus dem Wienerwald: 378 Schillinge, zwei Halbe Bier, zwei Schönbrunn, zwei Strudel, unterzeichnet von der Kellnerin Brigitte Kaufmann. An der weißen Wand kann man drei Bilder von österreichischen Dörfern bewundern, auf phosphoreszierendem Untergrund.

Der Zug macht einen weiten Bogen um die Alpen. Sankt Paul – Wolfsberg, umsteigen. Wolfsberg – Zeltweg, umsteigen. Zeltweg – Bruck an der Mur, umsteigen.

Die Menschen flehten zum Himmel um Wasser, die Hände am Gitter. *»›Ihr seid achtzig Personen im Waggon‹,* *fügte der deutsche Offizier hinzu. ›Wenn einer fehlt, werdet ihr alle wie Hunde niedergeknallt…‹ Die beiden verschwanden. Die Türen wurden zugenagelt. Der Rückweg war endgültig abgeschnitten. Die Welt war ein hermetisch verriegelter Viehwagen.«* (Elie Wiesel, *Die Nacht*)

Der Zug hat Aufenthalt. Das Tor reißt ein Wort in zwei Hälften: Lager-haus. Wir bleiben viel länger als nötig im Bahnhof, zumindest kommt es mir so vor, und warten auf das Rangieren. Mir gegenüber sitzt ein etwa siebzehnjähriger Junge mit eisblauen Augen. Etwas weiter vorne spielen ein paar Kinder mit ihrer Mutter. Ich habe sie seit unserer Abfahrt beobachtet, während der Zug durch eine Landschaft fuhr, die an Geschenkpapier erinnert: Flüsse, Berge, Bahnhöfe, schnurrbärtige Schaffner, weidende Kühe, quadratische Kirchturmuhren. Alles, wie man es kennt, ohne es jemals gesehen zu haben.

Ich denke an den Altersunterschied zwischen dem Siebzehnjährigen und den Kindern weiter vorne im Abteil, der so klein ist im Verlauf eines Lebens und doch so groß auf dem Weg vom Kind zum Jugendlichen. Lord Russell, der Dokumente aus erster Hand sammelte, führte genauestens Buch über die Naziverbrechen. Von ihm erfährt man unter anderem, daß auf dem Schießplatz der Hitlerjugend russische Kinder zuweilen als lebende Zielscheiben benutzt wurden.

Das sind erwiesene Tatsachen. Ich stelle mir vor, wie man die Jungen der Hitlerjugend mit ihren glatten, blonden Haaren, ihren blauen Augen und ihren Halbstiefeln in Sechserreihen zum Schießplatz führte. Sie hoben ihre Gewehre an die Wangen und gehorchten dem Kommando des Offiziers. Als würde der Junge vor mir auf die Kinder im Abteil schießen. Wahrscheinlich hörte man Schreie, Röcheln. Die Kinder, die man vor die Wand geschleift hatte, die einen kniend, die anderen stehend, begriffen vielleicht nicht einmal, was mit ihnen geschah. Plötzlich eine Gewehrsalve. Die Glücklicheren waren auf der Stelle tot. Die anderen erledigte die Pistole irgendeines Kommandanten im Ledermantel, wie man ihn aus Nachkriegsfilmen kennt.

Wer zu so etwas fähig ist, muß von einem Stammesinstinkt geleitet sein, der die Kameradschaft über die Familie stellt. Giuseppe Dossetti, der die Verbrechen rekonstruierte, die im Herbst 1944 im emilianischen Appennin begangen wurden, spricht von »Kastendelikt«.

Viele Parteifunktionäre der Nazis, von Hitler persönlich bis zu seinem engen Vertrauten, dem Propagandachef Goebbels, nahmen ihre Ehefrauen und Kinder mit in den Tod, als sie Selbstmord begingen, ein brahmanisch anmutendes Ritual. Albert Speer erzählte, man habe nach dem Krieg einige der Abgeurteilten, die nur Haftstrafen zu verbüßen hatten, darunter auch ihn, die Zimmer säubern lassen, in denen kurz zuvor die Hinrichtungen vollzogen worden seien. Bei solcher Gelegenheit habe er bemerkt, wie einer seiner ehemaligen Kameraden angesichts der dunklen Flecken auf dem Fußboden strammgestanden sei, so als hätte der Anblick des geronnenen Bluts den Herdeninstinkt in ihm wachgerufen. *Blut und Boden*: War das nicht Darrés Motto (Richard Walter Darré, Reichsminister und Reichsbauernführer)?

Der Junge döst ruhig vor sich hin. Die Kinder weiter vorne recken hin und wieder die Hälse nach mir und zwinkern mir zu. Plinio betrachtet die Landschaft, trägt ein paar Gedanken in sein Tagebuch ein. Die Riemen unserer Rucksäcke hängen aus dem Gepäcknetz. Der kleine Zug könnte aus dem Märchen sein: grellbunt, schaukelnd, mit dem charakteristischen Pfeifsignal vor jedem Bahnhof.

Auch ich dachte, die Kasten seien ein Produkt unserer

Geschichte und hätten sich im Laufe von Jahrhunderten herausgebildet. Frithjof Schuon setzte mir dann den klassischen Floh ins Ohr. Man braucht nur den Anfang einer seiner Studien zu lesen, um an dieser Auffassung zu zweifeln: *»Wie alle heiligen Institutionen ist das Kastensystem aus der Natur der Dinge entstanden, genauer gesagt, aus einer bestimmten Anschauung von ihr, also aus einer Realität, die sich nicht in determinierten Gegebenheiten offenbaren kann; dasselbe gilt für die entgegengesetzte Idee, nämlich die der Gleichheit der Menschen vor Gott.«* (*Castes et races*)

Träfe dies zu, so könnte man den Kastengeist als eine bestimmte Art und Weise bezeichnen, die Wirklichkeit wahrzunehmen. Mir scheint kein Zweifel daran zu bestehen, daß es im Nationalsozialismus den Mythos einer wahren Familie gab, unantastbar, losgelöst, rein, hierarchisch, antihumanitär, deren Essenz sich auf erblichem Wege überträgt. In der historischen Wirklichkeit wurde aus diesem Mythos das »Kameradentum«, das, um es mit Schuons Worten zu sagen, *»dem Nächsten jedes Geheimnis, sogar jedes Recht auf Geheimnis abstreitet: Es bedeutet, daß man sich auf die Ebene der menschlichen Animalität herabbegibt und den Nächsten auf dasselbe Niveau reduziert, indem man ihn in eine erstickende, unmenschliche Plattheit zwängt.«* (*Castes et races*)

Wir stehen auf dem Glockenturm und lassen uns von den roten Dächern der Grazer Altstadt beeindrucken. Die Mur, unbändig und reißend selbst im Inneren der Stadt, scheint die Wildheit des engen Tals zu bewahren, aus dem sie kommt. Auf dem Weg hinunter zum Dom halten wir inne vor den Namen derer, die im Ersten Weltkrieg den Italienern zum Opfer fielen. Ich stelle mir die Häuser vor, die sie heranwachsen sahen, inmitten dieser Täler mit ihren Seen und Bergen, die Dorffeste, bei denen sie ihre Mädchen trafen, die Abenteuer, die sie mit ihren Freunden erlebten.

Rudolf Höß meldete sich als Sechzehnjähriger freiwillig.

Das Kriegsende erwischte ihn in Damaskus. An der Spitze seiner Truppe Dreißigjähriger durchquerte er den Balkan und kehrte nach Deutschland zurück. Nachdem er einige Zeit ein zurückgezogenes Leben geführt hatte, fiel ihm, dem verheirateten Mann, nichts Besseres ein, als sich den Freikorps anzuschließen, die sich in Ostpreußen formierten, Gruppen versprengter Soldaten, die den Versailler Vertrag nicht anerkennen wollten. Für ihn bedeuteten die Kameraden alles.

Ich denke an einen Satz, den eine Figur in Abraham B. Jehoschuas Roman *Die Manis* ausspricht. Das Werk besteht aus fünf Dialogen, deren zweiter auf Kreta spielt, während der Invasion der Deutschen. Der Protagonist, ein Soldat der Wehrmacht, erzählt von dem Abenteuer, das er als Fallschirmjäger auf der Insel Ikaros erlebt hat. Dabei beschreibt er seine Kameraden folgendermaßen: *»Diese jungen Rudelwölfe, die seit 1936 der festen Überzeugung waren, daß das Universum nichts anderes sei als ein Schulhof, auf dem sich die Kinder während der Pause aufhalten, und seitdem mit der Erdkugel Fußball spielen, sie hierhin schießen und dorthin, als bestünde sie aus alten Lumpen; hätte man ihnen befohlen, das englische Hauptquartier in Kalkutta anzugreifen, dann hätten sie den Befehl mit dem gleichen blinden Vertrauen ausgeführt, mit dem sie Holland und Polen angriffen.«*

Oberschüler, die, in Jehoschuas Worten, »ein für allemal aus der Geschichte verschwinden wollten, egal, ob durch die Vorder- oder die Hintertür«.

Die Angehörigen der SS repräsentierten in ihrer gesamten Geschichte, vom Elitekorps der Anfangszeit bis hin zu dem zusammengewürfelten Haufen der letzten Jahre, am vorbildlichsten den nationalsozialistischen Kastengeist. Man braucht nur an die »Werwölfe« zu denken, zusammengestellt im Herbst 1944. Ihr Kommandant hieß Hans Prützmann. Die Männer sollten hinter den feindlichen Linien im besetzten Deutschland eingesetzt werden. Am 25.

März 1945 ermordete ein Werwolfkommando Franz Oppenhoff, den Bürgermeister von Aachen, weil er den Ort angeblich widerstandslos den alliierten Truppen überlassen hatte.

Am 16. November 1944, als die russischen und amerikanischen Panzer die Reste des deutschen Heers in die tödliche Zange nahmen, drei Monate, bevor ein tragischer Bombenhagel Dresden – man erinnere sich an die Schilderung des amerikanischen Soldaten Kurt Vonnegut – in eine Mondlandschaft verwandelte, fanden in München ein paar Stadträte die Zeit, sich bei einer Versammlung unter dem Vorsitz von Ministerialdirektor Engert über die Notwendigkeit der Eliminierung besonders häßlicher Individuen zu unterhalten, die man photographieren wollte, um ihre Bilder anschließend im »Museum für Asoziale« auszustellen.

Derlei Taten und Pläne, nachdem der Krieg bereits vorüber war, erinnern an das Zucken des Eidechsenschwanzes vor den Augen dessen, der ihn abgebrochen hat. Im Nationalsozialismus war der Körper untrennbar mit dem Staat verbunden: Das Ende des Hakenkreuzes war gleichbedeutend mit dem Aus des Vaterlands. Das ist der Grund, weshalb, wie Karl Jaspers in *Die Schuldfrage – Zur politischen Haftung Deutschlands* schrieb, die Worte Kants auf einmal nicht mehr galten: *»Im Krieg gilt es, Aktionen zu vermeiden, die jede künftige Wiederversöhnung unmöglich machen.«*

Das Zupacken des Raubtiers

Wir flanieren durch Graz und suchen nach Anknüpfungspunkten für unser Ziel. Albert Speer, der Architekt Hitlers, beschloß während seiner Haft in Spandau, die Erde zu Fuß zu umrunden. Er setzte dieses Vorhaben in die Tat um, indem er während der Stunden im Freien im Gefängnishof spazierenging.

Einem Rat von Rudolf Heß folgend, nahm er zehn Erbsen und schob sie nach jeder Runde von einer Tasche in die andere. Der kürzeste Weg, auf dem Atlas berechnet, kam etwas weniger als vierzigtausend Kilometern gleich. Jahr für Jahr hielt er sich an einen Rhythmus von sieben Kilometern am Tag. Während er seine Runden drehte, überquerte er innerlich den Ural, die Ukraine, Indien. Am 29. September 1966, an dem er seine letzte Runde drehte, hatte er 31 936 Kilometer zurückgelegt. Wie wir in Gitta Serenys Buch *Das Ringen mit der Wahrheit. Albert Speer und das deutsche Trauma* erfahren, erlag Albert Speer am 10. August 1981 in einem Londoner Hotelzimmer, während des Geschlechtsakts mit einer weit jüngeren Frau, einem Gehirnschlag. Der Architekt des Hitlerschen Berlin wurde 76 Jahre alt.

»Worum es ihm ging, war der Erfolg«, sagte Annemarie Kempf, die bis zum Ende des Kriegs Speers Sekretärin war und ihm auch in der Folgezeit die Freundschaft hielt.

Unsere Reise gleicht, auch wenn sie ausgesprochen konkret ist, doch ein wenig der von Hitlers Architekten. Es ist das Afrika von Saul Bellow, das Amerika von Franz Kafka! Vor zwanzig Jahren hätte ich vielleicht noch die Illusion des Forschers geteilt, der im geographischen Raum etwas

Neues zu entdecken hofft. Den falschen Traum einer möglichen geistigen Erneuerung, bewirkt durch Aufbruch und Heimkehr, habe ich, um ehrlich zu sein, noch nie geteilt.

»Gewiß, es zieht auch welche, die ohne Touristenneugier oder Sensationslust kommen, zu den alten Lagern, aber wer dort etwas zu finden meint, hat es wohl schon im Gepäck mitgebracht.« (Ruth Klüger, *weiter leben*)

Von kleinauf war ich neugierig auf alles, was man als extrem, als unwiderruflich bezeichnen könnte. In Extremsituationen stößt der Mensch auf eine universale Nacktheit, die er als die seine erkennt. Dennoch muß man sich hüten, nicht dem Irrtum des »edlen Wilden« aufzusitzen. Das menschliche Verhalten angesichts der drohenden Gefahr ergibt sich aus verschiedenen, miteinander verknüpften Elementen: Charakter, Erfahrung, Erziehung, Zufälle. Ich glaube, daß uns eine rein instinktive Reaktion nicht unbedingt der Wahrheit näherbringt. Nichtsdestoweniger ist es leichter, im Augenblick, da etwas tatsächlich geschieht, eine heilige Zone zu betreten, wie ich sie nennen möchte. Wenn das Schwert auf mich niederstößt, will ich wissen, wer es führt, inwieweit er wissentlich handelt, will ich erfahren, weswegen er sich an diesem Ort befindet. Ebensoviel will ich über das Opfer erfahren.

Zwischen dem vorgeschichtlichen Menschen und dem Tier, das mit ihm die Höhle teilte, den Unterschlupf, den Schlafbereich, herrschte ein Einvernehmen, das heute verschwunden ist. Dieses Einvernehmen bedeutete nicht etwa Gleichheit, so wie heutzutage die Hierarchie auf keinen echten Unterschied verweist. Es war ein Verhältnis von Koexistenz, ein Aufschub des Kampfes ums Überleben. Wir können uns vorstellen, daß über Jahrtausende hinweg auch zwischen den Menschen ein solches Einvernehmen herrschte. Bevor sich das gesetzlich geregelte Gemeinwesen bildete, hockten auch wir nebeneinander wie Insekten auf dem Büffelrücken.

Solch eine stumme Übereinkunft – dies zu leugnen wäre naiv – dient nur nebenbei mehreren Beteiligten: In der Teilnahmslosigkeit, wie wir sie zum Beispiel im trägen Blick eines Panthers finden, kann im Nu der Beutetrieb erwachen. Der Ursprung des aggressiven Akts – dem beim Menschen ein Akt individueller Willensäußerung vorausgeht – ist in der vermeintlichen kontemplativen Untätigkeit zu suchen, als wäre er eine Art schlafwandlerischer Automatismus. Zu Beginn des Krieges ließen viele Naziverbrecher ihren Studien- oder Arbeitsplatz mit derselben scheinbaren Unbekümmertheit im Stich, mit der sie ihn, als er seinem Ende zuging, wieder in Besitz nahmen. Als wäre nichts geschehen, schrieben junge Leute sich wieder an Universitäten ein, legten Richter wieder die Robe um, kehrten Chirurgen in den Operationssaal und Arbeiter in ihre Fabriken zurück.

Tzvetan Todorov veröffentlicht in seinem Buch *Die Eroberung Amerikas. Die Frage nach dem anderen* Augenzeugenberichte von Bartolomé de Las Casas, der Cortés' Truppen nach Mexiko gefolgt war: Als die Spanier nach ihrer Verschnaufpause im Gras im Dorf angekommen waren, begannen sie, die Schärfe ihrer Schwerter zu erproben und wahllos Schafe und Lämmer, Männer und Frauen, Greise und Kinder aufzuschlitzen, aufzuspießen, abzuschlachten. In wenigen Augenblicken war niemand mehr am Leben. Was dabei am meisten bestürzt, ist die Unvorhersehbarkeit dieses Ausbruchs von Gewalt: Wahrscheinlich wird der Entschluß dazu im finsteren Winkel des Überlebenstriebs gefaßt. Dieselbe exekutive Bürde haben wir auch noch in uns, normalerweise als Fossil.

Im großen Waffensaal der Stadt, inmitten von Armbrüsten, Schwertern und Rüstungen, mache ich mir Gedanken über die Gebärden des Kriegs, die der Mensch durch die Kunst nobilitiert hat: im stilisierten Bogenschützen, Degenfechter, Gewehrschützen. Diese Figuren werden durch einen rhythmischen Impuls aktiviert, der sie zu Protagonisten der Greueltat macht, die *in flagranti* ertappt wird, während das Abenteuer im Gange ist, das heißt, wenn der in der Tat verkörperte Gedanke sich selbst kritisiert und einen Keil treibt zwischen *Dein* und *Mein*, so daß Blut fließen kann. *»Es wären wahrhaft keine KZ nötig gewesen für die Erkenntnis, daß das Geschöpf Mensch zum Besten und zum Schlechtesten fähig ist. Diese Erkenntnis ist von einer geradezu bestürzenden Banalität.«* (Jorge Semprún, *Die große Reise*)

Wir besuchen eine Ausstellung zu Ehren Pier Paolo Pasolinis und schlendern durch die großen, halbleeren Säle. In jedem Raum überträgt ein Fernsehgerät auf Video ununterbrochen seine Filme. Nur ein Film fehlt, und zwar *Salò*. Als ich den Wärter darum bitte, zieht er die verstaubte Kassette aus einem großen Karton. Ich war zwanzig, als ich diesen Film im Savoia-Kino in Rom sah, und erinnere mich noch gut, daß einige Leute lange vor Schluß entrüstet den Saal verließen. Als ich den Videorecorder schneller laufen lasse, im Tempo der komischen Stummfilme, fällt mir auf, daß der Streifen bei den Folterszenen noch einmal das Szenarium Auschwitz überdenkt, indem er die Bereitschaft zur Gewalt, die um die Mitte dieses Jahrhunderts im Nationalsozialismus gipfelte, in unser Erbgut verlegt.

»Das Bewußtsein möchte seine Herrschaft auf die Gewaltsamkeit ausdehnen (es möchte, daß ihm ein so bedeutender Teil des Menschen nicht mehr entgeht). Auf der anderen Seite sucht die Gewaltsamkeit jenseits ihrer selbst das Bewußtsein (damit die Lust, die sie erreicht, reflektiert und dadurch intensiver und entschiedener, tiefer wird). Aber wenn wir gewaltsam sind, entfernen wir uns vom Bewußtsein, und ebenso entfernen wir uns, wenn wir den Sinn unserer gewaltsamen Regungen deutlich zu erfassen suchen, von jenen Verirrungen und souveränen Entzückungen, die sie in Gang setzen.« (Georges Bataille, *Die Erotik*)

Wir sind seit zehn Tagen unterwegs. Wir ertragen die Wartezeiten zwischen einer Etappe und der nächsten mit einer Geduld, wie ich sie bislang nicht an mir kannte. Am Schloßberg erwidere ich ernst den Blick des Gemeindeaufsehers: In Sekundenschnelle hat er begriffen, daß er keinen Touristen vor sich hat. Seine Augen blicken mir neugierig hinterher, wie ich den Schloßbrunnen hinter mir lasse und wieder Richtung Zentrum gehe. Er muß intelligent und empfindsam sein, denn er hätte gern mehr gewußt. Was hätte ich ihm erzählt, wenn er mich wider Erwarten gefragt hätte?

Ich hätte ihm einfach gesagt, daß ich Gräber suche, weiter nichts. Ich bin ein Hund, der zwischen Friedhofskreuzen herumschnüffelt, weil er verkrustetes Blut riecht.

Vögel haben ihre Nester in die Mauerlöcher des Glokkenturms gebaut. Ich renne hinunter zum Marktplatz. Hinter einem Vorhang, den der Wind gelüftet hat, sieht man die Rücken von Schülern, die sich über ihre Bücher beugen. Plinio überholt mich. Ich laufe ihm nach. Wir rennen an den Autos vorbei, die im Stau stecken.

»Der Mensch kann alles an sich adeln, was geadelt werden muß. Er kann in der Schöpfung alles beschützen, was geschützt werden muß. Danach werden noch immer ungerechterweise Kinder sterben, selbst in einer vollkommenen Gesellschaft.« (Albert Camus, *Der Mensch in der Revolte*)

Es ist, als stiege ich in ein großes, dunkles, verlassenes Kellergeschoß hinunter, das uns allen gehört. Ich taste mich mit äußerster Vorsicht von Stufe zu Stufe. Ich zünde das Streichholz an und gebe acht, daß ich nicht stolpere. Ich räume den Draht beiseite, der auf den Stufen liegt wie ein gefährliches Hindernis. Die Wände wirken kahl, die Luft ist abgestanden. Ich höre, wie sich meine behutsamen, heimlichen Schritte weitertasten. Inmitten all der Verwesung könnten plötzlich, ohne daß man es merkte, ermattete, verwundete Bestien erwachen. Mich interessieren die Schalter. Sonst nichts. Das würde ich ihm sagen.

Denken und Handeln

Wir gehen über die Brücke ans andere Ufer des Flusses. Auf dem Stadtplatz ist Markt, und ich versuche, mir einen Weg durch das Gedränge zu bahnen: Radfahrer, Kioskverkäufer, Jongleure, Frauen, alte Leute mit Hunden. Wir setzen uns auf eine Bank und essen Würstel, schlendern durch die Straßen hinaus bis an den Stadtrand. Das Hotel neben dem Bahnhof sieht grau aus, schief, alles andere als komfortabel. Die Badezimmer erinnern an die in einer Kaserne. Doch obwohl die Atmosphäre nicht gerade formell wirkt, begegnete mir heute morgen ein Ehepaar, offenbar auf dem Weg zum Frühstückszimmer, und verlieh mittels eines hochmütig strafenden Blicks seiner Mißbilligung Ausdruck, als ich spärlich bekleidet aus der Dusche kam.

Weshalb verlassen wir diesen ungastlichen Ort nicht sofort wieder? Ich weiß es selbst nicht. Irgend etwas liegt in der Luft in dieser Stadt. Wir werden uns an die Geschäfte für Haushaltswaren und Hi-Fi-Anlagen, die Bauarbeiten, die Kaufhäuser, die rötlichen Dächer, die Aushängeschilder, die Türschilder der Ärzte, ein Gittertor, eine Freitreppe und den eingerosteten Brunnen erinnern. Wie viele Kilometer wir wohl hinter uns haben?

Der Infanteriezug der SS schaffte fünf Kilometer in der Stunde auf den langen Märschen und sechseinhalb auf den kürzeren. Ricciotti Lazzero zufolge war eine Division unter normalen Bedingungen imstande, ungefähr fünfunddreißig Kilometer am Tag zurückzulegen; die sowjetischen Truppen schafften sogar bis zu vierzig Kilometer täglich. Gestern abend inspizierte ich meine Fußsohlen: Unter der rissigen Haut bildet sich allmählich eine widerstandsfähigere Kruste, als würde sich mein Körper erst langsam der neuen Aufgabe bewußt, zu der ich ihn berufen habe.

In einer Nische des äußeren Säulengangs der Franziskanerkirche entdecke ich die Statue von Maximilian Kolbe. Vor meiner Abreise hatte ich mich mit seinem Leben befaßt. Dabei ging es um unerhörte Vorfälle, die ich zum Glück erst spät erfuhr, so daß ich nicht Gefahr lief, mich in dem rhetorischen Vorhang zu verheddern, der sie zuweilen umhüllt.

Juli 1941. Klos, Häftling in Auschwitz, flüchtet in den nahen Sumpf. Wie stets in solchen Fällen entzieht man seinen Kameraden die Essensrationen, müssen sie den ganzen Tag auf dem Appellplatz strammstehen. Am folgenden Morgen werden sie erneut auf den Hof beordert, wo sie stundenlang auf weitere Befehle warten. Um drei Uhr nachmittags verkündet ihnen der Kommandant Karl Fritsch, daß zehn von ihnen im Bunker sterben müßten. Der Hauptsturmführer mit seiner Truppe von SS-Leuten schreitet langsam die Reihen der zermürbten Männer ab und brüllt plötzlich in die Stille hinein: »Vortreten!« Gerhard Palitzsch, sein Adjutant, notiert sorgsam die Nummer des Verurteilten. Zehnmal ertönte dieses »Vortreten!« auf dem Appellplatz: Die traurige Schar sammelt sich in einer Ecke; einer davon ist Francesco Gajowniczek, Unteroffizier im polnischen Heer, der um Frau und Kinder weint. Die zehn Männer werden aufgefordert, sich in Reih und Glied aufzustellen, als der kleine Mann mit der Brille vortritt und seine Mütze abnimmt. Er war damals siebenundvierzig Jahre alt. Karl Fritsch dreht sich ruckartig um und verlangt Erklärungen. Maximilian Kolbe zeigt auf Francesco Gajowniczek und ruft: *»Ich bin katholischer Priester.«*

Absolute Stille herrscht auf dem Hof. Alle Häftlinge sind überrascht: Niemand darf unaufgerufen, ohne Erlaubnis, an die deutschen Soldaten herantreten. Die SS ist wie Gott:

Man darf ihr nicht in die Augen sehen. Der Mann äußert sein Anliegen: »Ich bin alt und will statt seiner sterben, denn er hat Frau und Kinder.« Nach ein paar Sekunden nimmt Fritsch aus unerfindlichen Gründen das Angebot an. Er hätte beide verurteilen können, aber die Macht des *Nomos* zwingt ihn in die Knie. Er hat von zehn gesprochen. Also müssen es zehn sein. Er hebt die Hand und schreit: »Vortreten!« Francesco Gajowniczek geht an seinen Platz zurück. Maximilian Kolbe folgt den anderen zum Todesbunker.

»Es ging ihm nicht nur darum, den zehnten zu retten; er mußte den neun anderen beim Sterben helfen! Von dem Augenblick an, da die schicksalhafte Tür hinter den Verurteilten ins Schloß fiel, kümmerte er sich um seine Kameraden.« (Karol Wojtyla, Erzbischof von Krakau, 14. Oktober 1971)

»Ihr werdet eingehen wie die Tulpen!« sagten die Wärter zu den zehn Gefangenen, als sie sie in die engen Käfige steckten. Bruno Borgowiec, der in Block elf Dienst tat, schilderte die letzten Tage. Die Häftlinge bekamen weder Wasser noch Nahrung, sie leckten die Feuchtigkeit von den Mauern, tranken ihren eigenen Urin, verloren langsam an Kraft. Kolbe forderte sie zu lautem Beten auf. Die SS-Leute brüllten beim Anblick des schmächtigen Mannes unkoordinierte Befehle. Zwei Wochen danach waren nur noch vier der zehn Männer am Leben, darunter auch Maximilian Kolbe: Sie wurden am 14. August mit Phenolinjektionen getötet.

Vor dem Kolbe-Denkmal sei auch an Else Krug erinnert, inhaftiert im Frauenlager Ravensbrück; sie war eine ehemalige Prostituierte, spezialisiert auf masochistische Kundschaft, wurde also dafür bezahlt, jeden zu schlagen, der es von ihr verlangte. Kann man sich ein Leben vorstellen, das weiter von dem Maximilian Kolbes entfernt war? Während jener Missionar in Japan war oder in Niepokalanòw die Stadt der Unbefleckten Jungfrau baute, trat sie mit ihren

Stiefeln auf den Hals von Männern, die sie anflehten, ihnen weh zu tun. Wie uns Margarete Buber-Neumann berichtet, weigerte sich Else Krug, eine andere Gefangene auszupeitschen: Ihren Ungehorsam bezahlte sie mit dem Tode.

»*In der Regel gelang es der SS durch die ständige Unterdrükkung aller individuellen Handlungen oder, wenn das nicht möglich war, durch Umwandlung individueller Handlungen in einen Bestandteil des Gruppenverhaltens, zu verhindern, daß Märtyrer oder Helden entstanden. Wenn ein Häftling versuchte, andere zu schützen, und eine Wache davon erfuhr, wurde der Häftling gewöhnlich ermordet. Wenn das Verhalten des Häftlings dagegen der Lagerverwaltung bekannt wurde, wurde stets die gesamte Gruppe schwer bestraft.*« (Bruno Bettelheim, *Aufstand gegen die Masse*)

Man sollte Denken und Handeln nicht voneinander trennen. Dieser Versuch ist, wie ich meine, das Problem der Moderne: die Welt ohne Kopf und der Kopf ohne Welt. Der Künstler des zwanzigsten Jahrhunderts hat, indem er das Bewußtsein über die Wirklichkeit stellt, dem Mann der Tat das Feld geräumt, ihn seinem Schicksal überlassen. Im Nationalsozialismus spiegelt sich dieser Verrat.

Alles Übel gründet, so Roger Caillois, in der Untätigkeit des Schriftstellers, der ungestraft die Sache der Kunst von der des Menschen trennen will. Unerfahren zu sein, ein gestörtes Verhältnis zu anderen Menschen zu haben galt schon Frédéric Moreau in Gustave Flauberts *Éducation sentimentale* als erstrebenswert, und fast alle Romanhelden des zwanzigsten Jahrhunderts betreiben einen exquisiten Außenseiterkult.

Ich sage »exquisit«, weil die Schriftsteller ihre Helden mit einer eigenartig positiven Aura ausstatten. Tief in ihrem Inneren neigen sie nämlich zu der Überzeugung, daß all ihre traurigen Requisiten des Scheiterns, ihre ungesunden Verhaltensweisen, ihr fruchtloses Kreisen um das eigene Selbst, die ewigen Zweifel, die absurden Betrachtungen der

Welt, die ergebnislosen Grübeleien, denen sie verhaftet sind, tausendmal besser seien als ein unbewußtes Leben, das in sich ruht wie Erde in einem Gefäß. Daß diese Auffassung Gemeingut wurde, hatte fatale Folgen.

Natürlich ändert das Abstreiten der geschichtlichen Verantwortung nichts an der Tatsache, daß wir moralische Verantwortung tragen. Ich meine damit nicht nur die Pflichterfüllung, das Schmutzigmachen der Hände, die Mitgliedschaft bei einer politischen oder religiösen Gruppierung. Ich halte es allerdings für richtig, daß jemand, der gewisse Aufgaben den Spezialisten überlassen möchte, auf höhere weltliche Ambitionen verzichten muß. Wir können uns nicht mehr für vollkommen integer halten, sobald wir uns eine goldene Ordenskette um den Hals legen; ebenso unzulässig ist es, Macht auszuüben und für sich selbst einen Ausnahmestatus einzufordern.

Ich dachte an eine Schizophrenie anderen Ursprungs, nämlich an den Ehrgeiz des modernen Künstlers, ein spiritueller Lehrmeister zu sein, und zugleich seine Forderung, aufgrund seines Genies nicht nach moralischen Kategorien beurteilt zu werden. Grünes Licht für seine Werke, ausgeschaltete Scheinwerfer bei allem übrigen: Aus dieser paradoxen Anmaßung ist die Ohnmacht entstanden, das schweigende Einvernehmen mit den bestehenden gesellschaftlichen Systemen, der verderbliche Mythos vom freien Individuum, das keinerlei Pflichten hat und sich daran berauscht, den Preis zu vergessen, den es jedoch wie jedermann wird zahlen müssen.

Der Dichter, so hat Andrej Sinjawski einmal gesagt, ist ein verhinderter Zauberer und Wundertäter, der die Metamorphose durch die Metapher ersetzt hat, die Aktion durch das Wortspiel.

Vor der Franziskanerkirche, neben der Statue von Kolbe, steht ein Krüppel und bettelt. Er ist alt und gebrechlich und stützt sich auf zwei gewaltige Holzkrücken. Seine Gesichtshaut ist gerötet, durchzogen von einem Geflecht feiner Äderchen, das im Bereich der Nase besonders dicht ist. Seine Haare sind weiß, dünn, glatt, ordentlich frisiert. Die Augen haben sich in der Tiefe ein erloschenes Graublau bewahrt. Das Jackett, dem die Knöpfe fehlen, war einmal sehr elegant, fast luxuriös. Ich denke mir, daß der Mann von den Mönchen beherbergt wird. Er mag an die siebzig sein: Wer weiß, womöglich diente er in der Waffen-SS. Er ist wohl ungefähr im selben Alter wie der Soldat, der meine Mutter auf dem Bahnhof in Udine zur Toilette begleitete.

Das Dorf mit den Störchen

Ich sitze etwas gebeugt an meinem Fensterplatz, habe die Stirn an die Scheibe gelegt und fühle mich wie aus Gips. Gloggnitz, Wiener Neustadt. Tote kamen an, lagen zwischen Kot, Urin, Menstruationsblut, die Köpfe der Säuglinge auf dem Boden zermatscht wie Marmelade mit Kernen. Die vom Sonderkommando schafften sie zu den Verbrennungsöfen, nachdem sie ihnen ihre letzte Habe abgenommen hatten: Goldzähne, Haare, Uhren, Trauringe.

Ein alter Mann sagt etwas zu mir auf deutsch. Ich antworte ihm *I don't understand*. Er wechselt zum Englischen über – ein flüssiger Wechsel, der auf die jahrelange Besatzung zurückzuführen sein mag – und schimpft über die häufige Verspätung des Zugs. Die Dame gegenüber hebt die Augen von der Zeitschrift und fügt entschuldigend lächelnd hinzu: *only a few minutes*. In Wim Wenders' Film *Bis ans Ende der Welt* stellt einer der beiden Protagonisten fest: *»Die Amerikaner haben unser Unterbewußtsein kolonialisiert.«*

Am Bahnhof in Meidling sehe ich die ersten Güterzüge in Richtung Slowakei fahren. Auf den Mauern lese ich die gleichen Nazischmierereien wie in Monza, Ostia und Messina. Ich sage mir immer wieder, daß Menschen wie Franz Stangl, Kommandant des Vernichtungslagers Treblinka, oder wie Adolf Eichmann, verantwortlich für die Ermordung von Millionen Juden, keine Ungeheuer waren. Ihre Funktion war rein exekutiv: Sie sorgten vom Anfang bis zum Schluß für einen reibungslosen Ablauf der Vernichtungsmaschinerie.

Sie repräsentieren die Normalität, das Vorstadium, in

dem wir uns alle befinden. Hannah Arendt schreibt über Eichmann: *»Die erschreckende Fähigkeit, sich mit leeren Phrasen zu trösten, verließ ihn nicht einmal in seiner Todesstunde.«* (*Eichmann in Jerusalem. Ein Bericht von der Banalität des Bösen*)

Sie waren innerlich leer, berauscht von der Erfüllung ihrer Pflicht.

In Meidling stehe ich eine halbe Stunde lang vor dem internationalen Zeitschriftenladen und überfliege die Titel der italienischen Zeitungen. Es sind die Tage der Tour de France; neben den Sportnachrichten Meldungen über die Greueltaten im ehemaligen Jugoslawien, über Massenvergewaltigungen, Morde, Massengräber, ethnische Säuberungsaktionen. Ich blättere weiter und finde Stellungnahmen bekannter Kommentatoren, die die Öffentlichkeit auffordern, die humanitären Hilfsorganisationen finanziell zu unterstützen. Man appelliert an die Bevölkerung, Gelder zu spenden, und gibt die entsprechenden Kontonummern bekannt. Daneben finden sich Aussagen und Photos einiger Freiwilliger, die sich in die krisengeschüttelten Gebiete Bosniens gewagt haben.

In letzter Zeit fällt mir immer häufiger auf, wie scheinheilig unsere Solidarität doch ist. Wir geben uns nicht damit zufrieden, unsere eigene Haut zu retten (was immerhin eine verständliche, gerechtfertigte Reaktion wäre), sondern buhlen gar um die Ehre, die dem gebührt, der sie aufs Spiel setzt!

»Ich will mit dem ausweglosen Grauen dieser Kinder, dieser Menschen in meinem Herzen leben und wissen, daß ich sie nicht wirklich, nicht aktiv lieben kann … Ich will es auch gar nicht, weil ich es für unmöglich halte. Warum so tun, als wäre man betroffen?« (Iwan Illich, zitiert in David Cayley, *Conversazioni con Ivan Illich. Un profeta contro la modernità*)

Nach Eisenstadt wird die Landschaft flach, ein untrügliches Zeichen für die Nähe der ungarischen Grenze. Um uns herum sind keine Urlauber mehr. Die Männer mit ihren müden Gesichtern, die abgearbeiteten Frauen sind gefangen im Zeitplan ihres Tagesablaufs, Büro hin und zurück, Einkauf des Lebensnotwendigen, Lösung familiärer Krisen. Es ist, als hätten wir den Spielplatz Kärnten hinter uns gelassen und kämen allmählich auf den Punkt.

Wir nehmen uns ein Zimmer in der Pension, in der einst Haydn zum Ruhm dieser Stadt nächtigte. Damit weichen wir von unserer ursprünglichen Reiseroute ab. Wien war im Grunde unwichtig. Ich war schon des öfteren dort. Das genügt.

Der Name Eisenstadt dagegen hat für mich einen besonderen Klang, erinnert mich an die Thermalbäder des neunzehnten Jahrhunderts, die magyarische Erde, die Uniformen der Rittmeister – soweit durchaus statthafte Assoziationen –, aber auch an einen nachtblauen BMW M5, an Zigeuner, eine Frau mit Rollkragenpulli: alles Bilder, die, obwohl sie im Grunde belanglos sind, nützliche Wahrnehmungsketten in mir auslösen.

Ich gehe über den staubigen Korridor des alten Gasthauses und trete auf einen Balkon hinaus, den Wespen belagern. Ich lasse mich in gebührendem Abstand von ihnen nieder und breite die Landkarte vor mir aus. Zum Neusiedler See ist es nur ein Katzensprung. Ich habe Lust, sofort hinzufahren, schon wegen der symbolischen Symmetrie zum Wörther See. Auf dem Hinweg nehmen wir den Bus, nachdem wir mit anderen Fahrgästen geduldig fast eine Stunde in der prallen Sonne auf ihn gewartet haben. Aus vielen Mündern blinken Goldzähne, ein Umstand, der deutlich auf die Nähe Osteuropas verweist, das nur einen Gewehrschuß weit entfernt ist.

Der Bus fährt durch winzige Dörfer, vorbei an ausgedehnten Hafer- und Hopfenfeldern, und bringt uns zu einem slawischen Vorposten. An den Haltestellen bleiben wir länger stehen als üblich, damit der Hinkende, der Beinamputierte, die Großmutter und ihr Enkelkind mit der aufgeblasenen Luftmatratze aussteigen können. Hier in der Gegend gibt es nämlich zahlreiche Tümpel, die die Kinder zum Baden anlocken. Metternich hat in einem berühmten Ausspruch einmal behauptet, Asien beginne gleich hinter Wien.

Wir steigen in Rust aus, dem Dorf mit den Störchen. In dieser Jahreszeit nisten die großen Vögel auf den Dächern der Häuser. Wir sehen die prächtigen, stolzen Paare auf den Dachfirsten und die Jungvögel, die ihre Köpfchen über den Nestrand recken. Sie sind weit geflogen, haben den afrikanischen Himmel durchquert, um in die Nähe dieses Sees zu kommen, wie man auf einem Mauerschild lesen kann, auf dem ihre lange Reiseroute skizziert ist.

Zurück gehen wir zu Fuß, auf der Hauptstraße. Fünfzehn Kilometer in soldatischem Gleichschritt. Das Bild, das sich den Autofahrern bietet, die nach Eisenstadt unterwegs sind, muß recht absonderlich sein, aus der Anzahl derer zu schließen, die neugierig die Köpfe nach uns drehen. Ich könnte eine lange Liste zusammenstellen von diesen Blicken: den gegen seinen Willen abgelenkten des Fahrers; den starren, dumpfen des Bauern bei der Feldarbeit; den verspielten, arglosen des Kindes, das auf dem Rücksitz kniet; den ironischen, belustigten einiger Ehefrauen.

Im Bus starre auch ich, und zwar auf einen Mann mit Kropf, der auf der Rückbank neben ein paar Freunden sitzt, von denen einer wiederum mir einen mißbilligenden Blick zuwirft, weil ich, wenn auch unabsichtlich, auf die Häßlichkeit hingewiesen habe, die er wohl gerne überspielt, behütet hätte.

Wir rasten vor dem Denkmal, das man den österreichischen Opfern der beiden Weltkriege gesetzt hat, fast ausnahmslos junge Männer im Alter von zwanzig, einundzwanzig Jahren. Die Prostituierte, die zehn Meter weiter vorne mit einem Freier verhandelt, dürfte etwa im selben Alter sein. Vielleicht liegt es an unseren müden, unrasierten Gesichtern, an der verstaubten Kleidung oder schlicht an der Tatsache, daß wir am Straßenrand sitzen, daß ich mich ihr auf unerklärliche Weise verbunden fühle.

Fania Fénelon, Orchestermitglied in Auschwitz-Birkenau, erinnert sich an das Fest, das die Prostituierten – an der Spitze der Lagerhierarchie – in derselben Nacht veranstalteten, in der die SS beschloß, die Zigeuner zu ermorden: *»Überall Frauen, die sich küßten, sich umarmten, sich streichelten, auf den Tischen lagen oder sich auf dem Boden wälzten ...«*

Wir marschieren weiter. Hin und wieder versuche ich, auf kleinere Straßen auszuweichen. Aber die enden häufig auf offenem Feld. Staub, Schweiß, zerdrückte Erdkrumen unter den Schuhsohlen. Ein paar Bauern reparieren einen orangefarbenen Pflug: Er muß sehr alt sein, dem Rost nach zu schließen. Zwischen dichten Bäumen sehe ich plötzlich den Metallkreis eines Riesenrads am Himmel mit dem obligatorischen Liebespärchen an Bord: der Hintereingang zum Volksfest. Die österreichischen Flaggen, die an hohen Masten am Eingang wehen, beeindrucken mich. Wir gehen auf die Bundesstraße zurück. Ein paar Radfahrer überholen uns, kommen an eine Steigung und müssen ihre Räder schieben. Als wir sie einholen, steigen sie wieder auf und fahren weiter.

Vor uns taucht das Industriegelände von Eisenstadt auf mit seinen Fabriken, Autohandlungen und Baustellen, auf denen die Männer, da die größte Hitze vorüber ist, gerade ihre Arbeit wieder aufnehmen: Am liebsten würde ich jeden von ihnen fragen, wie alt er ist, welche Krankheiten oder Unfälle er hatte, wo er zur Schule ging, wo er wohnt, wer seine Frau ist, wie er sie kennengelernt hat, ob er Kinder hat, wie er seine Freizeit verbringt, wovon er träumt. Aber solche Dinge sind unmöglich in Erfahrung zu bringen, weder unterwegs noch daheim: Anscheinend sind wir alle aus dem Nichts entstanden, wie nach einem Regenschauer die Pilze im Wald.

Die Landschaft geht über in eine Art Legowelt: Hochhäuser, Betriebe, Supermärkte, Infrastruktur. Das alles vermittelt den Eindruck einer Spielecke, die ein riesiges Kleinkind verwüstet hat. Bis zur Innenstadt ist es nicht mehr weit. Der Radweg fängt an: Hier endet unsere Angst vor der Polizei, die uns hätte anhalten können, um unsere Papiere zu sehen, Fragen zu stellen. Was hätten wir sagen sollen? Daß wir nach Auschwitz pilgern, um für uns den fünfzigjährigen Gedenktag des Zweiten Weltkriegs zu feiern, den ihre Väter verloren haben?

In der Nähe des Stadtzentrums kommt ein kleines Mädchen aus einer Haustür. Als wir an ihm vorbeigehen, bleibt es auf der Schwelle stehen und blickt uns aus wachen, klugen Augen an. Ich glaube, es hat uns hinterhergesehen. Es hat uns nicht verstanden. Wie sollte es auch?

Homines ludentes

Bevor es am Abend dunkel wird, fallen die Stechmücken über Eisenstadt her. Riesige Insekten, vor denen es kein Entrinnen gibt. Sämtliche Apotheken bieten in ihren Vitrinen kühlende Gels, schützende Kerzen und Salben an.

Wir schlängeln uns durch Bänke und Gemüsestände. Einige Frauen stellen mit erschreckender Gleichgültigkeit ihre Krampfadern zur Schau. Ein Mädchen trottet gelangweilt hinter seinen Eltern her und läßt die Arme kreisen wie Windmühlenflügel.

Vor dem Fürstenpalast bleibe ich verzaubert stehen. Gestern abend schon haben wir versucht, ihn uns anzusehen, während eine Armee von Schnaken wie Stukas auf unsere vergebens mit Autan gesalbten Leiber herabstieß. Mit seiner türkischen Kuppel in der Mitte, den Wachposten zu beiden Seiten des Eingangs und den Fenstern, die an Orden auf der Uniformjacke eines Fahnenjunkers erinnern, bietet er einen prächtigen Anblick. Er war einst Residenz der ungarischen Fürsten Esterházy. Aber Mondsichel und Sternenhimmel – dunkelblauer Stahl – gemahnen eher an den Sitz irgendeines Emirs, der sich mit anderen Kalifaten auf Kollisionskurs befindet.

Meine Versponnenheit erinnert Plinio an Pino Colizzi, der in Sandro Bolchis Film *Anna Karenina* den Wronskij spielte. Wenn ich mich schon mit einer Figur aus diesem Roman identifizieren soll, dann nur mit Konstantin Lewin. Belustigt bitte ich meinen Freund um einen internationalen Vergleich. »Sir Walter Raleigh«, antwortet er, »englischer Abenteurer und Seefahrer aus dem sechzehnten Jahrhundert. Er belagerte Virginia, führte in Europa Tabakgenuß und Kartoffelanbau ein und wurde schließlich zum Tode verurteilt, weil er auf seiner Reise nach Guayana dem Befehl des Königs zum Trotz spanische Garnisonen angegriffen hatte.«

Ich gehe wieder auf den Balkon zu den Wespen, um nachzusehen, ob unsere Wäsche schon trocken ist. Als ich die Wäscheklammern abnehme, fällt mein Blick in den Garten hinunter, wo mehrere Touristen an den Tischen sitzen und zu Abend essen. Ich frage mich, ob es wohl einen Zusammenhang gibt zwischen dem Menschen aus Pappmaché, den viele Schriftsteller dieses Jahrhunderts beschworen haben, und dem Willen zur Macht, der aus der romantischen Matrix hervorging und in die nationalsozialistischen und stalinistischen Massaker mündete.

Mir ist beim Waschen meiner Hose ein grober Fehler unterlaufen. Wahrscheinlich habe ich sie zu kräftig ausgewrungen und anschließend vergessen, sie umzudrehen und glattzustreichen, bevor ich sie an die Leine hängte. Der geistige Wert, der das zwanzigste Jahrhundert charakterisiert, ist eigentlich die Innerlichkeit. Jean Améry behauptet, die Konzentrationslager bedeuteten das Ende der Innerlichkeit als metaphysisches Konzept:

»Für uns – und wenn ich sage ›uns‹, dann meine ich die Intellektuellen, die weder einen Glauben haben, noch einer politischen Ideologie verpflichtet sind – war der Aufenthalt im Lager, vom geistigen Standpunkt her, durchaus nicht ohne Wert. Wir haben daraus die unumstößliche Gewißheit gewonnen, daß der Geist eigentlich ein ludus *ist. Folglich sind wir, beziehungsweise waren wir es, bevor wir ins KZ kamen, nur* homines ludentes.« (Jean Améry, *Jenseits von Schuld und Sühne*)

Ich werfe einen etwas mitleidigen Blick auf meine trockenen Hosen an der Wäscheleine: Sie sehen aus wie die Fensterleder an den Tankstellen, als gehörten sie einem schlampigen Hampelmann. Im Korridor mit der verstaubten Kommode begegne ich dem Zimmermädchen, einem typisch österreichischen Riesenweib, und bin schon versucht, sie um das Bügeln zu bitten. Doch dann lasse ich es, um ihr keine Umstände zu machen.

Wird das Unterbewußtsein zur Marionette, ist es leichter zu manipulieren. Charlotte Beradt, die die Träume verschiedener Deutscher während der Nazidiktatur analysierte, hat mit ihrer Arbeit gezeigt, wie die totalitäre Ideologie die seelischen Dämme der Menschen durchbrach und in ihr Inneres vordrang, um sie zu konditionieren.

»Ich träume davon, daß ich nicht mehr imstande bin, allein zu sprechen, ich kann es nur noch im Chor, in der Gruppe.«

»Alle Klassenaufsätze und alle Zeugnisse werden mir mit der Note ›sehr gut, aber ungenügend, da staatsfeindlich‹ zurückgegeben.«

»Ich träume, daß ich nur noch von Rechtecken, Dreiecken, Achtecken träume, die alle irgendwie wie Weihnachtsgebäck aussehen, weil es doch verboten ist, zu träumen.«

»Ich bin in einem KZ, aber allen Gefangenen geht es gut, sie veranstalten Festessen, führen Theaterstücke auf. Ich denke: Aber dann sind ja die Gerüchte, die über die KZ kursieren, tatsächlich alle übertrieben, und da sehe ich mich im Spiegel: Ich trage die Uniform eines Lagerarztes, mit besonderen Stiefeln, die funkeln wie Brillanten. Ich lehne mich an den Stacheldraht und fange an zu weinen.«

In der Nacht vor ihrer Hinrichtung träumte Sophie Scholl, daß sie ein weißgekleidetes Kind zur Taufe trug. Der Weg hinauf zur Kirche war sehr steil. Plötzlich tat sich vor ihr ein Abgrund auf. Sie konnte gerade noch das Kind zu Boden legen, bevor sie abstürzte. Sophie hatte noch die Zeit, ihrer Zellengenossin diesen Traum zu deuten: *»Das Kind steht für unsere Überzeugung, die sich aller Widrigkeiten zum Trotz durchsetzen wird. Für diese Überzeugung mußten wir den Weg ebnen, aber auch sterben.«*

»Warum verhält sich das deutsche Volk angesichts all dieser abscheulichen menschenunwürdigen Verbrechen so apathisch? Kaum irgend jemand macht sich Gedanken darüber ...« (Aus dem zweiten Flugblatt der »Weißen Rose«)

Das sind Fragen der Jugend. Die bewegenden Photos, die Sophie vor dem Münchner Ostbahnhof zeigen, wie sie ihren Bruder und ihre Freunde von der »Weißen Rose«, die an die russische Front abkommandiert worden waren, zum Zug begleitet, bestätigen dies. Gesichter voller Tatendrang, voller Träume, voller Ideale, die den krampfhaften Wunsch ausdrücken, dem Leben einen Sinn zu verleihen: Ist das nicht der Motor der Geschichte?

William Sheridan Allen demonstriert in seiner berühmten Studie *Das haben wir nicht gewollt*, in der er die Ereignisse in Thalburg (in Wirklichkeit Nordheim, ein kleiner Stadtteil Hannovers) unter die Lupe nimmt, das Anfang der dreißiger Jahre wie das gesamte Deutschland sein Gesicht verändert, daß der Einbruch des Totalitarismus und der Gewalt in das menschliche Bewußtsein auf weit komplexeren, subtileren Wegen vonstatten geht.

Auf den Zweigen der Bäume, die in der Nähe des Lagers Mauthausen standen, häufte sich die Asche der Toten, vom Wind dorthin getragen, aber niemand sagte etwas dagegen. Kurz vor Kriegsende, als die SS von den vorrückenden Alliierten immer mehr in die Enge getrieben wurde, verlegte sie die Gefangenen von einem Lager zum nächsten, und die Leute, durch deren Dörfer sie zogen, empfanden beim Anblick der Gefangenen im besten Fall Neugierde.

»Einige Leute sicherten sich eiligst einen guten Beobachtungsplatz, als sie hörten, daß die Deportierten vorbeimarschieren würden.« (Gordon J. Horwitz, *In the shadow of death*)

Sollte uns das wundern? Überlegen wir doch einmal, was unmittelbar nach einem schweren Verkehrsunfall passiert. Die entgegenkommenden Autos fahren nicht selten langsamer, halten manchmal sogar an. Die Leute steigen aus und glotzen, anstatt zu helfen, auf die Verletzten. Die betteln um Hilfe, aber Schaulustige sind wie huschende Schatten, die auftauchen und verschwinden. Sie steigen möglichst schnell wieder in ihre Autos und fahren davon. Was wollen sie? Die meisten von ihnen sind durchaus keine Kriminellen. Sie wollen lediglich Blut sehen. Familienväter, ganz normale Menschen.

Wir erholen uns von den Strapazen, die hinter uns liegen. Ich spüre meine rechte Fußsohle wie eine Einlage, die mir ein wahnsinniger Orthopäde verpaßt hat. Ich glaube, ich gehe diesen Weg nur, weil ich Gründe suche für die Rückkehr. Sobald man merkt, daß man noch physische wie psychische Reserven hat, sollte man noch umkehren. Man hat seinen Beweis bekommen, jetzt bleibt einem nur noch, ihn jemandem zu übergeben, der imstande ist, das Rennen fortzuführen.

Während wir die Stunden, dicke, harte Tropfen, über unsere Haut rinnen lassen, begeben wir uns zu den ehemaligen Ställen der Grafen Esterházy, großen, brüchigen Gemäuern, die im Stadtpark stehen. Ich drücke ein Auge ans Schlüsselloch, um ins Innere zu spähen. Ein kleiner Windhauch streift meine Iris. Der Anblick der vielen Pferde mußte beeindruckend gewesen sein: Dutzende von Mähnen, eine an der anderen, dazu Gewieher, Gebrüll und Peitschenknallen inmitten von Stroh und Pferdeäpfeln, und in der Luft der typische Pferdegeruch.

Männer in kniehohen Reitstiefeln und grellen Uniformen betraten säbelrasselnd die Stallungen. Die Turnierpferde wurden gesattelt und nacheinander in den Hof geführt, wo man die Truppen einteilte. Die Bewegung der Tiere vervielfältigte das Spiel der Muskeln, die Symmetrien der Artikulationen, den Widerhall der Hufe. Man hörte Hunde bellen.

»Endlich wurde uns gestattet, in den Block einzutreten, dem

wir zugeteilt worden waren, wo jeder hoffte, sich ein wenig ausruhen zu können. Es war eine schmutzige, fensterlose Holzbaracke mit Luken im schrägen Dach. Früher einmal war sie von der polnischen Kavallerie als Pferdestall genutzt worden. Sie war lang und schmal, feucht und dunkel. Ein Schild draußen gab Auskunft über die Anzahl der Pferde, die sie aufnehmen konnte (fünfzig), und erinnerte daran, daß kranke Tiere sofort ausgesondert werden mußten. Wir aber waren keine Pferde.«
(Corrado Saralvo, *Più morti, più spazio*)

Meine Augen tränen, weil ich krampfhaft versuche, sie offenzuhalten. Plinio fragt mich, was ich sehe. »Nichts«, antworte ich, »das Gebäude ist leer, wahrscheinlich eine verlassene Reithalle.«

Die Suppe ist kochend heiß

Während eines warmen Regenschauers gehen wir zum Bahnhof. Zuvor haben wir unser übriges Kleingeld gezählt und uns im Billa-Markt den nötigen Proviant beschafft: Brötchen, Strudel, Mineralwasser. Der Zug fährt um 9.25 Uhr. In der Bahnhofshalle bemerke ich einen einzelnen Reisenden, nachlässig gekleidet, um die Fünfzig, Rucksack auf dem Rücken, Stadtplan in der Hand, Lesebrille auf der Nase, der vor dem Informationsschalter steht: Ob mir das auch irgendwann blüht?

Erstes Umsteigen am Neusiedler See, wo wir den Anschlußzug nach Wien-Süd nehmen. Eine Schulklasse in Begleitung dreier Lehrerinnen reist in unserem Abteil. Die Kinder halten als Erkennungszeichen Fähnchen in den Händen. Sie tragen Dinosaurier-T-Shirts, toben auf den Sitzen herum und legen dabei die Gelenkigkeit kleiner Akrobaten an den Tag. Neben uns sitzt ein Jugendlicher mit Irokesenhaarschnitt und schaut ihnen mißmutig zu.

Am Südbahnhof steigen wir um und fahren zum Nordbahnhof. Während des kurzen Zwischenaufenthalts besichtigen wir den nahe gelegenen Prater. Ich erinnere mich noch, wie er vor Jahren ausgesehen hat. Heute hat man neben dem berühmten Riesenrad eine Riesenschiffschaukel aufgestellt, die sich in der Luft überschlägt. In Italien heißt dieses Ding *Il Pirata*, in Österreich *Der Imperator*. Ich denke an die Schlacht gegen Suleiman, dem Ferdinand I. im Jahr 1529 nicht weit von hier die Pforte nach Westeuropa versperrte.

Im Zug nach Bratislava teilen wir das Abteil mit zwei

amerikanischen Touristen. Der Mann ist auf der Suche nach seinen slowakischen Wurzeln, zeichnet mit einem bunten Stift die Etappen seiner Annäherung in die Karte. Ich stelle ihm eine Frage, und er antwortet in freundlichem, forschem Ton wie General Patton. Seine Frau, die aus Nicosia stammt und an Heilige glaubt, war schon in Apulien. Ihnen verraten wir den Zweck unserer Reise: Sie sehen uns bewundernd an und fragen, ob wir sie in unserem Buch erwähnen werden.

Kaum haben wir die slowakische Grenze überschritten, ändert sich die Landschaft, und man nimmt plötzlich einen krassen Unterschied wahr, einen gewaltigen Spagat zwischen zwei Lebensmodellen, die einander noch bis vorgestern erbittert bekämpften. Riesige graue Wohnblocks erinnern an Sowjetarchitektur. Die Vegetation ist, verglichen mit der österreichischen Parklandschaft, geradezu wild, und Gras überwuchert die Gleise. Züge und Busse sind schmutzig, schlecht gewartet, Überbleibsel von Gott weiß welchen Unternehmungen.

Am Bahnhof von Bratislava stellen auffällig geschminkte Mädchen eine aggressive Sinnlichkeit zur Schau. Die Jugendlichen, die sich in kleinen Horden zusammengerottet haben, sehen aus, als würden sie jeden Moment die Passanten anfallen. Als wir den Bahnhofsplatz überqueren, haben wir das Gefühl, in eine Karawanserei einzudringen; überall tätowierte Männer mit stumpfen Blicken und am Boden eine Menge leerer Flaschen. Die hohen, nackten Fabrikhallen machen einem angst. Die Physiognomien deuten auf eine habsburgische Mischung aus Slawen und Zigeunern.

Wir gehen den langen Weg zum Zentrum zu Fuß: Der Kulturschock in dieser Stadt, die nach dem Zusammenbruch des Kommunismus im Begriff ist, sich zu wandeln, und der slowakischen Unabhängigkeit entgegensieht, könnte nicht größer sein. Obwohl ich es mir genauso vorgestellt habe, muß ich mich wundern: Ist das heutzutage nicht bei jeder Reise so? Obwohl wir alles schon im voraus wissen, wollen wir unsere Vorurteile bestätigt sehen. Oder müssen wir uns mit dem Gedanken anfreunden, daß der immer höhere Informationsstand schon in naher Zukunft die einstige Kluft zwischen Theorie und Praxis überwinden wird?

Zum ersten Mal seit unserer Abreise bemerke ich zivilisatorische Unterschiede. Die Frühstückspension, die ich im Sinn hatte, gibt es nicht mehr: Wo sie einmal stand, wird gerade ein Geldinstitut gebaut. Der neue Westen pflanzt seine Fahnen. Nach längerer Suche kommen wir zu einem anderen Hotel, wo man uns die erste Nacht im voraus bezahlen lassen will, allerdings zu einem recht ungünstigen Wechselkurs. Wir lehnen ab. Die Angestellte ist enttäuscht. Im Zentrum der *Kamenné námestie*, während die Straßenbahnen vorbeidonnern, lasse ich ein paar Minuten verstreichen, ohne einen Finger zu rühren. Müde und hungrig wie ich bin, versuche ich, Zeit zu gewinnen.

Ich beobachte die Leute an der Haltestelle: Ich habe sie alle schon einmal gesehen, sie gehören entweder in die fünfziger oder in die neunziger Jahre; die Zeit dazwischen scheint ausgelöscht. Die Wende war blutig, der kapitalistische Wohlstand kappt etliche Nervenstränge. Was bleibt, ist ein Bereich zwischen Bürokratie und Markt, die Box, auch im konkreten Sinn, in der sie sich gerade befinden.

Ich hebe den Blick, sehe drei Kirchtürme. Instinktiv machen wir uns in ihre Richtung auf. Die erste Kirche entpuppt sich als Notaufnahme; die wartenden Patienten sehen uns fragend an: Wir verlassen den Raum ebenso abrupt, wie wir ihn betreten haben. Die Tür der zweiten ist geschlossen. Die dritte hat einen Turm, auf dem *Quo vadis*? geschrieben steht. Wir läuten.

Ein Mann mit fragender Miene und zerzaustem Haar lehnt sich aus dem Fenster. Unwillkürlich, wie häufig in

Krisensituationen, spreche ich ihn auf italienisch an. Er kommt in Pantoffeln zu uns herunter, vielleicht hat er gerade ein Mittagsschläfchen gehalten. Ich glaube, er ist Priester. Ich zeige ihm die slowakische Version unseres Empfehlungsschreibens. Aufmerksam liest er es vor unseren Augen. Ich starre auf seine dichten, weißen Augenbrauen, denke unwillkürlich an alte Rasierpinsel, die man in ihrer Schachtel vergessen hat, und erhoffe mir eine positive Antwort. Er schickt uns zur Kapuzinerkirche, zweihundert Meter weiter.

Ein ähnlicher Glockenturm. Ein Junge in bunten Bermudas, mit blondem Bürstenhaarschnitt und einem kurzärmeligen Hemd öffnet uns die Tür. Er liest den Brief und bittet uns hinein. Wir folgen ihm durch die Kirche, die Sakristei, vorbei an einem Kreuz, vor dem er die Knie beugt. Erneut die Schlüssel, die Türen öffnen und schließen sich wie in der Abtei Sankt Paul. Er führt uns direkt ins Refektorium. Ich stelle meinen Rucksack ab. Er geht in die Küche und holt eine helle Suppe, die an Milch erinnert, mit Kartoffeln darin, Knoblauch, Gemüse. Als zweiten Gang gibt es Schmorbraten. Danach Wein, Süßes, Früchte.

Wir essen, kauen, sonst nichts. Der Junge in Bermudas sieht uns zu: Er spricht nur slowakisch. Der Brief genügt, weiter brauchen wir nichts zu sagen. Es sind noch mehr junge Leute im Raum; jemand stellt uns Brot auf den Tisch: Wäre da nicht das hölzerne Kruzifix an der Wand, könnte man ohne weiteres meinen, wir hätten uns in ein Ferienlager verlaufen. Felice kommt; er spricht italienisch und stellt uns vor. Die jungen Männer, die uns aufgenommen haben, sind Kapuziner. Der Blonde heißt Marian. Aber die stärkste Nummer ist Felice: klein, untersetzt, stämmige Waden, kurzsichtige Augen, scharfer Blick, Diakon, siebenunddreißig, abgeschlossenes Studium bei den Kapuzinern in Rom. Er sagt, die Slowakei sei bis vor kurzem noch ein

Zoo, ein KZ gewesen. Er benutzt, als Anspielung auf unser Ziel, absichtlich diese Worte.

Währenddessen mahlen unsere Kiefer. Ich habe einen Bart und einen fanatischen Blick: Ich fühle langsam, daß die Reise in die richtigen Bahnen gerät, spüre ihre Notwendigkeit. Gedankenversunken führe ich den Löffel an die Lippen.

»›Sie ist schön heute‹, sagt René, der sie eindringlich anstarrt. Die anderen beiden Männer sagen nichts und ich auch nicht. Nach ein paar Löffeln halte ich kurz inne. Ich sehe, daß der Flüssigkeitspegel gesunken ist. Ich habe den flüssigeren Teil weggelöffelt. Auch René sieht, daß ich jetzt viel weniger habe, daß ich bald sein werde wie er, und das beruhigt ihn. Ich bin jetzt beim festen Teil angelangt. Die Suppe ist kochend heiß, ich spüre mein aufgedunsenes Gesicht. Wir fragen nicht danach, ob sie gut ist, das wäre ja auch sinnlos: sie ist einfach schön. Ich esse noch langsamer, aber der Pegel sinkt weiter. Ich höre wieder auf. Ich habe nur noch ein paar Löffel übrig. Ich kratze zuerst die zerstampften Saubohnen von der Wand. Die Schüssel ist fast leer. Die beiden Kameraden schauen nicht mehr zu. Ich esse den Rest auf. Jetzt spüre ich, daß der Löffel über den Boden kratzt. Der Boden taucht auf, jetzt sieht man nur noch ihn. Die Suppe ist aufgegessen.« (Robert Antelme, *Das Menschengeschlecht*)

Die Frauen tragen durchsichtige, weiße Röcke: In Bratislava gibt es etliche Tangas. In der Nähe des Klosters, in dem wir wohnen, ragt die Kathedrale empor. Wir betreten sie während einer Hochzeitsfeier. Die Leute sehen aus wie Karikaturen von italienischen Hochzeitsgästen nach dem Krieg. Ich lausche Schuberts *Ave Maria*, gesungen von einer Sopranistin, die neben der Orgel steht. Der Priester schreitet zwischen den beiden Brautleuten den Mittelgang entlang, vorbei an den hohen, gotischen Kirchenfenstern, gefolgt von den Hochzeitsgästen, von denen einige Tränen in den Augen haben. Es ist wie die Szene eines staatlich subventionierten Schwarzweiß-Films.

Die Häuserfassaden, etliche davon aus Holz, sind in grellen Farben gestrichen: rot, gelb, blau. Trotzdem werde ich den Eindruck nicht los, daß sie baufällig sind. Die Farbe wurde schlampig aufgetragen, der Putz weist Blasen, Risse und Schwellungen auf. Die Straßen erinnern an Istanbul. Kinder, die barfuß laufen, dunkelhäutig wie Zigeuner. Ich denke an den wahnwitzigen Umtauschkurs, den das Mädchen im Hotel uns vorgeschlagen hat, und an den Empfang im Kloster. Samstags und sonntags sind die Banken geschlossen, also hat das Mädchen versucht, uns übers Ohr zu hauen.

Plötzlich kommen wir an den Most SNP, die Brücke des slowakischen Nationalaufstands: Wegen dieses scheußlichen Betonungetüms über der Donau wurde das gesamte jüdische Viertel dem Erdboden gleichgemacht. Wir fahren im Aufzug auf den himmelhohen Turm im Zentrum der Konstruktion, in dem sich ein Restaurant befindet. Wir gehen ein paarmal im Kreis und bestaunen die Aussicht. Von oben gesehen haben Städte keinen Schleier: Bratislava sieht aus wie ein müder Soldat, der seine Füße im Wasser kühlt. Plinio geht zum Schwimmen an die Donau hinunter. Die Brückenpfeiler, bleigraue geometrische Gebilde, ziehen meine Aufmerksamkeit auf sich. Wenn man mit dem Rükken zum Fluß auf dem Eisenträger sitzt, unter den Betonarkaden, kann man sich einbilden, man verstünde die schwarzen Vögel, die auf die Schleppdampfer fliegen. Wir gehen in die Innenstadt.

Morgen kommt Eusebio, der Mann mit dem reinen Herzen, der Experte für das Kino des Ostens, um uns durch die Slowakei zu führen. Ich erinnere mich an den Treffpunkt, den wir vor unserer Abreise in Rom vereinbarten: Hotel Kiew, vor dem Charlie Club, dem Treffpunkt für Kinoliebhaber. Es war alles wie ein Spiel, aber jetzt sind wir hier.

Wir hinterlassen ihm eine Nachricht mit unserer neuen Adresse.

Wir kommen rechtzeitig zum Gottesdienst zurück. Eine Menschenmenge füllt die Kirche. Kinder, junge und alte Menschen – Männer wie Frauen – knien auf dem Boden, küssen die Kreuze ihrer Rosenkränze. Viele weinen. Das orthodoxe Rußland mit seinen Ikonen ist nicht weit. Als sich alle zum Singen erheben, geht eine Erschütterung durch das gesamte Gebäude. Ich sehe alte Frauen, deren Haar im Nacken zum Knoten gebunden ist, alte Männer mit gekrümmten Rücken, offenen Sandalen und löchrigen Socken, Mädchen mit umgeschlagenen Kniestrümpfen. Es riecht wie vor dreißig Jahren bei meiner Großmutter in der Romagna, im Monat der reifen Getreidefelder. Während der Wandlung taucht plötzlich Pater Marian auf, diesmal in einer Kutte und mit der Hand auf dem Herzen. Eine Frau bemerkt, daß ich nicht mitbete. Sie beugt sich zu mir herüber und hält mir das Gebetbuch vor die Augen, wobei sie auf die Stelle deutet, die gerade gelesen wird. Aber ich spreche ja kein Slowakisch und bleibe daher stumm. Sie betet für mich mit.

Wir verzehren ein weiteres Kapuzinermahl: Brot, Milch, Käse, Aprikosen. Pater Thomas, ein Biophysiker, der Italienisch spricht, erklärt uns, daß die Patres bis vor vier Jahren, kurz vor dem Fall des Kommunismus, ein Untergrunddasein führten. Seit 1950 habe es keine offiziellen Weihen mehr gegeben, doch trotz der obligatorischen Anonymität der Mönche habe jeder von ihnen gewußt, auch wenn sie gezwungen waren, einer normalen Beschäftigung nachzugehen. Die Gläubigen hätten sich an sie gewandt, um die Sakramente zu empfangen.

Am Abend unterhalten wir uns mit Pater Marian. Das Gespräch vollzieht sich in einem merkwürdigen Kauderwelsch: ein wenig Deutsch, ein wenig Englisch, ein wenig Slowakisch und ein wenig Italienisch; trotzdem können wir uns verständigen. Er ist dreiundzwanzig, sieht aber noch um einiges jünger aus. Seine magere Gestalt in der Kutte wirkt rührend. Hundert Meter weiter feiern ein paar seiner Altersgenossen am Flußufer ein Fest. Die Luft ist lau, die Sterne sehen aus wie kleine, flimmernde Scheinwerfer. Man hört Rufen, Singen, Gitarrenklänge. Hier im Kloster jedoch ist alles friedlich und still. Bald werden wir schlafen gehen. Ich frage Marian, ob es ihm nicht manchmal schwerfalle, die Kutte zu tragen, und habe dabei das Thema Mädchen im Sinn. Er sieht mich lächelnd an und macht, statt mir zu antworten, eine schlichte Geste, die viel tiefer ist als meine Frage: Er ballt die Hand zur Faust und streckt dabei den Daumen gen Himmel, wie es die Flugzeugtechniker tun, um anzuzeigen, daß die Maschine startbereit ist.

The Big Brother

Heute morgen haben wir den berühmten Blick von der Burg auf die Donau genossen, die das Zentrum der Stadt in zwei Hälften teilt: auf der einen Seite der historische Stadtkern, auf der anderen die Gebäude undefinierbaren Stils, die nach dem Krieg entstanden sind. Es waren die Russen, die die Slowakei von der Nazibesatzung befreiten. Wir stiegen auf den Slavín, um das Kriegerdenkmal zu Ehren der sechstausend sowjetischen Soldaten zu besichtigen, die im letzten Gefecht vor Bratislava fielen.

Wir durchquerten den nördlichen Teil der Stadt auf einer breiten Ringstraße, vorbei an reichen Villen in stillen Gärten. Durch das offene Fenster mit den wehenden Vorhängen drang das Geräusch einer Schreibmaschine. Auf dem Asphalt lagen zermatschte Aprikosen, die von den Bäumen gefallen waren. Die Kinder der ehemaligen Kommunisten, die gegenwärtig als neue Führungselite recycelt werden, spielen auf den Grünflächen. In einer der Villen wohnte Alexander Dubček, vor und nach seiner unzeitgemäßen Perestroika. Auch das Denkmal scheint heute in vielerlei Hinsicht anachronistisch zu sein, zumindest konnten uns nur wenige Leute Auskunft darüber geben.

Als wir oben ankamen, stand die Sonne im Zenit: Der Ort wirkte verlassen. Der Obelisk mit der Statue des traurigen Soldaten, der die Siegesfahne schwenkt, überblickte die umliegenden Viertel wie ein Adler, der im Begriff ist, seine Schwingen auszubreiten, um sich in die Lüfte aufzuschwingen. Mannshohe Marmorstatuen am Fuß der Treppe verkörperten das Schweigen. Als ich die Namen der Schlachten und der verantwortlichen Generäle überflog, mußte ich unwillkürlich an den amerikanischen Friedhof von Nettuno denken: Schon als Kind stand ich gebannt vor den weißen Kreuzen, die in makelloser Reihe standen, so wie ich mich jetzt nicht von diesen Stufen lösen kann, auf denen eine Touristin, mit dem Rücken an die Säule gelehnt, ihre Sonnenbräune zu vervollkommnen sucht.

Aus welchem Grund schnipselte ich, als ich die Besichtigung längst hinter mir hatte, weiter an den Umrissen des kleinen Platzes herum und probierte dabei jeden möglichen Winkel aus? Mich interessierte weder die architektonische Struktur der Anlage noch das Bild an sich, zumal ich wie üblich keinen Photoapparat bei mir hatte. Was ging mir dann durch den Kopf? Daß die Stadt da unten, eine der berühmten Hauptstädte Mitteleuropas, genauso schnell in Richtung Moderne rast wie ein Luxuszug in den Schwarzwald?

Vielleicht wiederholte ich, der ich geboren wurde, als Nikita Chruschtschow sich gerade dazu entschlossen hatte, der Welt die Verbrechen zu enthüllen, die unter Stalin begangen worden waren, wie einen surrealen Slogan im Geiste das, was vor ein paar Jahren von den meisten Zeitungen in aller Welt klar und deutlich proklamiert worden war (erst-mit-dem-Fall-der-Berliner-Mauer-endet-der-Zweite-Weltkrieg)? Oder ehrte ich die, die wie mein Großvater ihr Leben ließen für ein Ideal, das nach kürzester Zeit schon so jämmerlich zerbröckelt war?

Als Antwort dienten mir die Worte Constantin Noicas, des rumänischen Philosophen, der dem Exil seines Freundes Emil M. Cioran zuerst die häusliche Zurückgezogenheit vorzog und dann die grausame Haft, zu der ihn das Regime von Ceauçescu zwang. Er forderte, ohne die Hand zu küssen, die ihn schlug, ein Gebet für Karl Marx, dessen gesamtes, zugunsten des Regimes zensiertes Werk er lesen mußte. Am Vorabend seiner Freilassung wußte Noica, daß bald jemand von ihm sagen würde: »*Vergebt ihm, denn auch er war dem Wahnsinn des Guten zum Opfer gefallen. Betet für die Seele unseres Bruders Karl. Betet für the Big Brother.*«

Jetzt kann ich es ja sagen: Auf dem Hügel über Bratislava sah ich das verkrustete Blut unserer Väter: Vor ihm, ganz gleich für welche Seite sein Besitzer gekämpft hatte, zog ich symbolisch den Hut. In der stillen Hitze des Slavín haben sich – im Hinblick auf meinen baldigen Besuch in Auschwitz – die beiden großen Diktaturen des Jahrhunderts einen Augenblick lang erhoben wie gespenstische Kulissen, um mir zu sagen, daß das zwanzigste Jahrhundert, geblendet vom eigenen Glanz, endlich zu Ende war.

In diesem Moment fiel mir der siebenunddreißigjährige Wladimir Majakowskij ein, der sich am 14. April 1930 um 10.30 Uhr in der Lubjanskij-Straße in Moskau das Leben nahm: Ort und Zeit erschienen mir fest verknüpft mit dem chronologischen Punkt ohne Wiederkehr der russischen Revolution, als der Traum von der Befreiung des Menschen auf brutale Weise zerbrach. Der Anblick der verbitterten Furchen, die der Bolschewismus ins Gesicht seiner Jugend gegraben hatte, mußte für Majakowskij unerträglich gewesen sein.

Als sich kaum elf Jahre später, während des nationalsozialistischen Einfalls, in Elabuga (Autonome Sozialistische Sowjetische Tatarenrepublik) die neununddreißigjährige Marina Zwetajewa vor dem Eingang der Isba erhängt, in der sie mit ihrem Sohn Asejew zu Gast ist, scheint ein ganzes Jahrhundert vergangen zu sein. Zwetajewas Tat ist nicht vergleichbar mit der Majakowskijs. Sie hatte stets vermieden, Dichtung und Geschichte miteinander zu verbinden: Es ist, als wäre sie beim Hinabtauchen zu den Wurzeln ertrunken.

Während ich weitergehe, rufe ich mir die zahllosen edlen

Missionen ins Gedächtnis, denen sich der moderne Intellektuelle vergebens anschloß. Als ich Gustav Herlings *Eine Welt für sich* las, das von sowjetischen Gefangenenlagern handelt, stach mir ein berühmter Satz von Jean-Paul Sartre ins Auge – im Vorwort des Bandes zitiert –, der in einer Diskussion mit Albert Camus zum Thema des GULAG wörtlich erklärt hatte: *»Auch wenn es solche Lager gäbe, dürften wir weder davon sprechen noch darüber schreiben, um den Arbeitern von Bilancourt nur ja nicht die Hoffnung zu rauben.«*

Mir scheint, als klänge in diesem Satz noch heute, wie ein kreischender Mißton, der Geist jener Zeit nach, die wir durchlebt haben.

»Der Marxismus ist das Herzmittel der Intellektuellen. Er stimuliert sie, rechtfertigt sie, organisiert sie, bindet sie an die Geschichte an, macht sie wach für die Realität des Elends und des Kampfes. Kurz, er belebt sie. Er verleiht ihrer Einsamkeit einen Sinn, rechtfertigt ihre Entfremdung: ›Die Massen folgen uns nicht nach, aber eines Tages werden sie einsehen, daß wir recht hatten.‹« (Maurice Pinguet, *Der Freitod in Japan. Geschichte der japanischen Kultur*)

Wir haben Durst und suchen nach Trinkwasser. Leider ist die Stadt sonntags wie ausgestorben. Wir betreten einen Friedhof, wo wir bestimmt den ersehnten Brunnen finden: ein wertvoller Hinweis, den ich Jacques Lanzmann und seinem Buch *Die Kunst des Wanderns* verdanke. Während ich zwischen den Gräbern stehe und trinke, schweifen meine Gedanken zu weiteren extremen Taten, die in diesem Jahrhundert begangen wurden, eine endlose Reihe.

Der Selbstmord von Pierre Drieu La Rochelle (52) am 15. März 1945 in Paris, Rue Saint Ferdinand: Seine Putzfrau fand ihn tot in der Küche, er hatte sich mit Gas vergiftet. Der des 42jährigen Cesare Pavese, am 8. August 1950 im Hotel Roma in Turin: Neben der Leiche fand man die *Dialoghi con Leuco*, sechzehn leere Päckchen Schlaftabletten und einen Zettel:

»Ich verzeihe allen und bitte alle um Verzeihung, okay? Macht nicht zuviel Aufhebens von der Sache.«

Der von Stig Dagerman, der, erst 31 Jahre alt, in der Nähe von Stockholm an den Auspuffgasen seines Wagens erstickte. Zwei Jahre zuvor hatte er geschrieben: *»Was ist mein Talent denn anderes als ein Trost für meine Einsamkeit? Ein grausamer Trost, der mich meine Einsamkeit noch fünfmal so stark fühlen läßt!«* Der von Ernest Hemingway, 62, der sich am 2. Juli 1961 in seinem Haus in Ketchum (Idaho) eine Kugel durch den Kopf jagte: Wie es scheint, hatte er noch am Abend zuvor, als seine vierte Frau Mary Welsh das Lied *Blondes have more fun* vor sich hin trällerte, in seinem Zimmer die Melodie mitgesummt. 1970 der von Paul Celan, 50, und der von Yukio Mishima, 45: Ersterer, ehemaliger KZ-Häftling, verläßt in der Nacht des 20. April, ohne irgend jemandem etwas zu sagen, seine Wohnung an der Seine und wird ein paar Wochen später aus einem Tümpel südlich von Paris gefischt. Letzterer, wunderbarerweise aus Hiroshima und Nagasaki heimgekehrt, hält vor einer großen Menge Soldaten im Innenhof des Hauptquartiers der Verteidigungstruppen eine Rede, kniet sich dann mit nacktem Oberkörper auf den Boden, ruft dreimal *»Tenno Heiko banzai!«*, holt tief Luft und stößt sich dann energisch das Schwert in den Bauch. Morita, sein treuer Kamerad, versetzt ihm mit dem Säbel den Todesstoß.

Als wir zum Kapuzinerkloster kommen, werden wir von Eusebio begrüßt, der unsere Nachricht im Charlie Club erhalten und sich unverzüglich auf den Weg gemacht hat. Wir liegen zu dritt auf der Klosterwiese im Gras, haben die Landkarte der Slowakei vor uns ausgebreitetet und schmieden neue Pläne. Dann gehen wir in ein beliebtes Gasthaus und trinken in der Gartenlaube aus gewaltigen Krügen Bier. Zu dritt machen wir den Leuten angst: Wahrscheinlich denken sie, wir sind in geheimer Mission unterwegs, für Interpol.

Heute abend erschien mir die Kirche noch voller als gestern. Als wäre irgendein besonderer Feiertag. Wir fühlten uns schon ganz wie zu Hause. Ich konnte im Pfarrhaus herumgehen wie ein pensionierter Priester aus dem Ausland. Als Lektor fungierte ein Mann mit der Statur eines Gewichthebers. Den Gottesdienst hielt ein junger Priester, groß, dürr und glatzköpfig. Die Gemeinde lauschte in stiller Andacht seiner endlos langen Predigt über den barmherzigen Samariter. In der Sakristei entledigten sich die hochwürdigen Herren ihrer Ornate, bis sie in ihren schlichten weißen Kutten vor mir standen, während ein paar Schwestern wieder alles an seinen Platz räumten. Ich hatte fast den Eindruck, als befände ich mich im Umkleideraum einer Hockeymannschaft.

Draußen auf dem Kirchplatz standen ein paar Familien plaudernd beieinander, wie es in Dörfern üblich ist. Eusebio stand dabei und redete mit ihnen, als gehöre er dazu. Das Licht, ein pastellfarbener Schimmer auf den Häusern, verwandelte die Dächer in buntes Plastillin. Dank Eusebios Sprachkenntnissen haben wir uns schnell zurechtgefunden. Ich sah, wie er in der Gruppe der Männer in schwarzen Anzügen in unsere Richtung blickte: Sekundenschnell entstand zwischen uns ein Einvernehmen, als blickten wir bereits zurück auf den gemeinsamen Weg, der noch vor uns lag.

Bevor ich einschlafe, lasse ich noch einmal die Selbstmörder von vorhin Revue passieren: Marina Zwetajewa, Pierre Drieu La Rochelle, Cesare Pavese, Stig Dagerman, Ernest Hemingway, Paul Celan und Yukio Mishima suchten den Tod im Namen der Kunst, also im Namen des Glücks. Die Distanz zu Wladimir Majakowskij, der sich von allen als einziger im Namen des Lebens, also des Unglücks, wie ich vermute, umbrachte, könnte nicht größer sein. Es ist der Protest des Menschen gegen eine Politik, die die Kunst ersetzen möchte, aber auch gegen eine Kunst, die sich als Politik begreift.

Von nun an bekommt die Reise den Rhythmus dieser düsteren Ermahnung. Und ich sammle weitere Namen, ohne mir darüber im klaren zu sein, was ich da tue. Bestimmt leitet mich nicht nur das Interesse an der Tat an sich: In Leopardis *Dialog zwischen Plotin und Porphyrios* (*Kleine moralische Werke*) sähe ich mich lieber in der Rolle des Freundes, der sich gegen den Selbstmord ausspricht, als in der des wild Entschlossenen; die letzten Worte Plotins, auf die ich besonders in Krisenmomenten zurückgreife, wüßte ich gerne bei meinem idealen Gepäck, neben meinen prägendsten Erfahrungen: *»Wir wollen leben, mein Porphyrios, und uns miteinander trösten: wir vermögen die Last nicht zu tragen, die uns das Schicksal auferlegt, bestehend aus der Schlechtigkeit der Menschen. Deshalb wollen wir uns gegenseitig Gesellschaft leisten, einander stärken und helfen, damit wir die Mühsal dieses Lebens, das ohnehin nur kurz sein wird, zum Besten bewältigen. Und tritt dann der Tod an uns heran, dann wollen wir nicht traurig sein, denn auch in der letzten Stunde werden uns Freunde und Gefährten zur Seite stehen: und laß uns fröhlich sein bei dem Gedanken, daß sie nach unserem Hinscheiden noch oft unser gedenken und uns immer noch lieben werden.«*

Begeht dann tatsächlich jemand Selbstmord, und zwar ein Schriftsteller des Jahrhunderts, dem auch wir angehören, also ein Mensch, der, wie ich gerne denke, im selben Zeitraum, da sich mein Geist formt, beschließt, in das Feuer eines fernen Wissens um unsere Endlichkeit zu tauchen, kann dies nicht gleichgültig lassen. So schrieb Albert Camus im *Mythos von Sisyphos*: *»Anfangen zu denken heißt anfangen, ausgehöhlt zu werden.«*

Der Name der Namen

Nachdem wir dem Kloster, das uns aufgenommen hat, eine Spende haben zukommen lassen, reisen wir ab. Pater Marian, wieder in Bermudas wie am ersten Tag, wünscht uns eine angenehme Weiterreise. Auf der Holzbank sitzend, den Rucksack zwischen die Schenkel geklemmt, esse ich zwei fette Würste und eine weiße Pfefferschote. Vor mir lese ich: *Pecané, Ryby, Grilovane Speciality.*

Um uns herum ein fürchterlicher Krawall. Es sind Zigeuner, die sich zanken. Die Zeiten sind besser für sie geworden, wenn man bedenkt, daß sie während des kommunistischen Regimes nicht einmal betteln durften. Himmler hatte sie zunächst noch verschont, weil ihre Herkunft seine Neugierde geweckt hatte und er sie noch ein wenig beobachten wollte, wie ein kleiner Junge das Eichhörnchen, das er gefangen hat, bevor er schließlich den Befehl gab, sie zu töten. Oberleutnant Walther, 9. Kompanie, 433. Bataillon der Einsatzgruppen, schrieb in einem Bericht:

»Es ist leichter, Juden zu erschießen, als Zigeuner. Immerhin muß man anerkennen, daß die Juden gelassener in den Tod gehen – sie verhalten sich ruhig –, während die Zigeuner schreien, brüllen und fortwährend herumzappeln, auch wenn sie bereits an der Hinrichtungsstätte sind. Manche springen in den Graben, bevor die Schützen feuern, und stellen sich tot.« (Raul Hilberg, *Die Vernichtung der europäischen Juden. Die Geschichte des Holocaust*)

Wir machen die Bekanntschaft von Herrn Milan, der in düsteren Zeiten nach Buenos Aires emigrierte, Anfang der siebziger Jahre nach Berlin zurückkehrte und sich nach dem

Fall der Mauer in Bratislava niederließ. Auf seinem Kopf sitzt eine amerikanische Baseballmütze, und vom exzessiven Bierkonsum sind seine Pupillen hinter dem Kassengestell erweitert. Er unterhält sich mit uns in einem unmöglichen Kauderwelsch über die üblichen Themen: Frauen, den Sänger Modugno, Kommunismus. Während Eusebio im Laden nebenan den Preis eines Photoapparats herunterzuhandeln sucht, präge ich mir die langen Holztische, die Hitze, die Taxifahrer vor dem Hotel Kiew und die derben Tätowierungen auf der dunklen Haut der Zigeuner gut ein.

Die Synagoge von Bratislava ist geschlossen. Wir sitzen auf der gegenüberliegenden Straßenseite auf dem Trottoir und blicken auf den marmornen Davidstern über dem Eingang. Obwohl wir keine Juden sind, drängt sich uns dabei eine gewisse Frage förmlich auf.

»Die Seele der Rasse, das Blut, das Volk, Gegenstände heiliger Anbetung würden vage, fließende Vorstellungen bleiben, würden sie nicht sichtbar gemacht für die Augen der Gläubigen, indem man ihnen eine Antirasse entgegenhält, ein Antivolk, in greifbarer Nähe und in Fleisch und Blut. Der Jude, Quell aller Unreinheit und allen Übels, symbolisiert den Teufel – ›Gäbe es keine Juden, dann müßte man sie erfinden‹, weil eine Religion dieser Art nicht ohne Teufel auskommen kann.« (Léon Poliakov, *Der arische Mythos*)

Eusebio kommt mit der Minolta aus dem Geschäft. Er knipst ein paar Probephotos. Wir zwei umringt von Jugendlichen. Wir zwei vor den alten, staatlich geführten Läden, die bald verschwunden sein werden. Wir zwei beim Gehen. Ich an das Gitter eines Klosters gelehnt. Plinio an der Straßenbahnhaltestelle. Wir fahren zum Bahnhof. Der Schaffner – nervös, hysterisch, mit offener Uniformjacke – nimmt einen eisernen Hebel zur Hand und steigt aus, um die Weichen zu stellen. So war das früher, als ich noch klein war, auch in Rom, in der Linie elf auf der Piazza Vittorio.

»Die unmittelbare Nähe des Teufels führte dazu, daß man Gott schärfer wahrnahm: Indem man den Haß auf den Unreinen schürte, förderte man die Liebe zum Göttlichen. Dank der Rassenreligion der Unterdrücker, die wie maßgeschneidert schien, konnte man von den Gläubigen Furcht und Unterwerfung fordern.« (Léon Poliakov, *Der arische Mythos*)

Während der Fahrt schreibt uns ein Bursche, der in der Bürokratie des Ostens aufgewachsen ist, einen Strafzettel, weil wir seiner Meinung nach unsere Fahrkarten falsch entwertet haben: Er ist ein gewaltiger Brocken, ein Kugelstoßertyp, immer auf der Suche nach ein bißchen Geld; der Freund, der ihn begleitet, hat eine Zigarette im Mundwinkel hängen, zerfranste Haare, den Hals voller Brandnarben.

Der Jude mag im Grunde so etwas wie ein transzendentales Hindernis gewesen sein, das sich – in metaphysischem Sinne – mit dem Anderen identifizieren ließ, ein Hüter der Grenze, die es zu überwinden galt. Die anfängliche bürokratische Schwierigkeit, auf die die Nazis stießen, als sie ihn aus den verwandtschaftlichen Vernetzungen zu lösen suchten, in die er eingebunden war (Mischlinge entgingen der Vernichtung), bestätigt die Vorstellung vom unsichtbaren Feind.

Auf dem Zug nach Krakau lese ich das Wort »Oswiecim« (polnischer Name für Auschwitz). Theodor W. Adorno bekräftigt mit seiner Behauptung, der Antisemitismus sei »die Ontologie der Reklame«, gewisse Ideen von Carlo Cattaneo, besonders die, die in der antijüdischen Haltung ein jahrhundertealtes Rhetoriksystem biblischen Ursprungs erkennt: »die Prophezeiung, die sich selbst erfüllt.«

»Eine Gesamtheit von Andeutungen, die sich niederträchtigerweise auf die eigenen Folgerungen stützen, indem sie alles, was ihnen vorausging, auslöschen beziehungsweise in beständige, unabwendbare Tatsachen verwandeln. Der Antisemitismus ist nur die größte, systematischste und katastrophalste

Anwendung dieser Art von Scheinargumentation.« (Carlo Cattaneo, *Interdizioni israelitiche*)

Davon abgesehen scheint mir der tiefere, wahrere Grund für den nationalsozialistischen Antisemitismus der zu sein, den Alain Badiou anführt: Der Nationalsozialismus evoziert statt eines Vakuums ein Plenum, nämlich das deutsche Volk, eine besondere Gemeinschaft, dazu ausersehen, die Welt zu beherrschen. Doch das verdrängte Vakuum kehrte zurück, und zwar unter einem privilegierten Namen: Jude, Name der Namen.

»Die Wahl dieses Namens verweist zweifellos auf die einzig augenscheinliche Verbindung mit dem Universalismus, dem revolutionären Universalismus im besonderen, kurz, auf das, was an diesem Namen bereits leer war, verbunden mit der Universalität und Ewigkeit der Wahrheiten. Ansonsten ist der Name Jude, soweit er dazu diente, die Vernichtung zu organisieren, eine politische Schöpfung der Nationalsozialisten und hat keinerlei bereits existierenden Bezug.« (Alain Badiou, *L'éthique*)

Während ich die zerklüftete Landschaft der westlichen Slowakei betrachte, werfe ich mir selbst den schematischen Charakter meiner Gedanken über Majakowskij und Zwetajewa vor, die ich gestern abend, bevor ich zu Bett ging, noch niederschrieb. Dennoch drängeln sich weitere Namen von Schriftstellern, die sich das Leben nahmen, in mein Denken.

Am Abend des 16. Oktober 1910 beendet Carlo Michelstädter (23) seine Abschlußarbeit. Tags darauf jagt er sich eine Kugel durch den Kopf. In der Nacht vom 27. auf den 28. Dezember 1925 erhängt sich in Leningrad Sergej Alexandrowitsch Esenin (30) in einem Zimmer des Hotels Angleterre mit Hilfe seines Koffergurts. Am 2. Juli 1927 in Tokio, mit derselben stilistischen Zurückhaltung, die seine Erzählungen charakterisiert, bringt Ryunosuke Akutagawa

(35) seine Frau und seine drei Kinder zu Bett und nimmt daraufhin eine tödliche Dosis Veronal.

Ich beschließe, die Frage nach dem Zusammenhang zwischen diesen Selbstmorden und unserer Reise vorübergehend zurückzustellen. Draußen ziehen eingestürzte Gebäude vorbei, Haufen zertrümmerter Ziegel, verlassene Bahnhöfe mit zersplitterten Fensterscheiben. Im Abteil herrscht Chaos. Wir sind seit zwei Wochen unterwegs.

1931 nimmt sich der verarmte Vachel Lindsay (52) das Leben, Amerikas Minnesänger, der für Jazz, Lincoln, Jackson und die ersten Helden des Kinos schwärmte. Zwei Jahre später folgt ihm Sara Teasdale (49), seine dichtende Gefährtin, in den Tod. Am 27. April 1932 stürzt sich der homosexuelle alkoholkranke Hart Harold Crane (33), Altersgenosse Hemingways, wie Martin Eden von der Schiffsbrücke aus ins Meer. Er war in Mexiko gewesen, um ein Poem über Cortés zu schreiben.

»Ein Tee auf dem Gasherd; bei sorgsam geschlossenem Fenster öffne ich den Gashahn und vergesse, das Streichholz anzuzünden. Unversehrter Ruf und Zeit, das Confiteor zu sprechen.« René Crevel nimmt 1924 in *Détours* die Tat vorweg, die er dann mit fünfunddreißig Jahren ausführen wird (18. Juni 1935).

In Trentschin steigen wir aus. An der Bushaltestelle warten ein paar Jungen und Mädchen: Ihre Mienen sind stolz, schüchtern, behütet. Sie könnten sowohl Unschuld wie Gewalttätigkeit ausdrücken. Wir nehmen den Zug nach Drietoma, einem kleinen Dorf elf Kilometer weiter, wo wir vielleicht bei einem polnischen Priester Unterkunft finden. Die Waggontür bleibt während der Fahrt offen, es ist sehr laut im Zug. Wir setzen uns auf das Trittbrett, lassen die Beine nach draußen baumeln. Der Schaffner hat Schwitzflecken unter den Achseln und sieht uns nur entgeistert an. Wir bilden eine Traube aus drei Köpfen in unablässiger Bewegung, obwohl es eigentlich nicht viel zu sehen gibt. Die Landschaft wirkt verbrannt. Der Bahnhof befindet sich auf freiem Feld.

Wir betreten eine finstere, übelriechende Spelunke, um nach dem Weg zu fragen. Zwei Männer, wahrscheinlich Fabrikarbeiter, sitzen vor ihrem Bier. Unser Erscheinen ruft lediglich ein paar zerstreute Blicke hervor. Offensichtlich haben wir mittlerweile den halbtouristischen Anstrich verloren, den wir zu Beginn unserer Reise noch hatten. Die Frau am Ausschank erklärt uns den Weg: ein paar Kilometer auf der Staatsstraße. Rucksäcke umgeschnallt und Köpfe gesenkt. Die Lastwagen mit Anhängern weichen keinen Millimeter von ihrer vorgezeichneten Spur ab. Auf dem Schotter geht man sicherer. Die Schuhe halten es aus, die Füße auch. Wir haben uns warm gelaufen, wie man im Sportjargon sagt.

Ich fahre fort mit meiner traurigen Rubrik: Nach Ende des Zweiten Weltkriegs weitere Selbstmorde. Am Abend des 13. Juni 1948 ertränkt sich Osamu Dazai (39) in den Fluten des Tamagawa-Stroms in Tokio, zusammen mit der Witwe eines Soldaten, die sich ihren Lebensunterhalt als Friseuse verdient hat. Am 21. Mai 1949 nimmt sich Klaus Mann (43) in einem Hotelzimmer in Cannes das Leben. 1951 entscheidet sich der Pole Tadeusz Borowski (27), ehemaliger Auschwitzhäftling, für den Freitod durch Gas. Ein Jahr später schluckt Norman Douglas (84) auf der Insel Capri eine tödliche Dosis Luminal. 1956 erschießt sich Alexander Alexandrowitsch Fadejew (55), einer der meistgefragten Schriftsteller des Sowjetregimes; er hatte die Enthüllungen über die Verbrechen der Stalin-Ära nicht verkraftet.

Am Morgen des 11. Februar 1963 steht Sylvia Plath (31) auf, vergewissert sich, daß ihre Kinder noch schlafen, geht in die Küche, sperrt die Tür ab, dreht das Gas auf und steckt den Kopf in den Ofen. Am 14. Oktober 1965, spätabends, wird Randall Jarrell (49), Dichter, Essayist und Pilot im Zweiten Weltkrieg, in der Nähe von Chapel Hill, North Carolina, von einem Wagen überfahren. Die Insassen des Fahrzeugs behaupten, Jarrell habe sich vor das Auto geworfen. Am 11. Juli 1966, in der Hitze des New Yorker Sommers, wird Delmore Schwartz (53) tot in einer billigen Absteige in Manhattan aufgefunden. Am 16. März 1970 nimmt sich in Paris Arthur Adamov (62) das Leben. Nachdem er lange Jahre vergeblich seine manisch-depressiven Störungen zu bekämpfen gesucht hatte, stürzt sich am 7. Januar 1972 John Berryman (58) in Minneapolis von einer Brücke in den Mississippi. Am 16. April findet man Yasunari Kawabata (71) tot in seinem Haus in Kamakura auf; er starb an Gasvergiftung. Am 22. September drückt in Paris Henry-Marie-Joseph Millon de Montherlant (76) den Abzug der Pistole, deren Lauf er sich in den Mund gesteckt hat; offenbar ließ ihn eine schwere Krankheit allmählich das Augenlicht verlieren.

Am 10. Juni 1973 tötet sich unter den riesigen Palmen Hollywoods William Inge (60). Am 31. Juli erschießt sich in Varese Guido Morselli (61), weil niemand ihn drucken wollte. Am 4. Oktober 1974 vergiftet sich Anne Sexton (46) in Weston, Massachusetts, mit Auspuffgasen. Am 17. Oktober 1978 beschließt in Salzburg Jean Améry (66), Auschwitzüberlebender, Schluß zu machen. Am 24. April 1979 nimmt sich in Vigevano Lucio Mastronardi (49) das Leben. Am 2. Dezember 1980 jagt sich Romain Gary (66), gebürtiger Litauer, »zweimaliger Laureat des Prix Goncourt, Held der Republik, als verdienstvoller Soldat mit dem Croix de Guerre ausgezeichnet, Lebemann, unverbesserlicher Schürzenjäger« (William Styron), in seiner Wohnung in der rue du Bac eine Kugel durch den Kopf. Am 3. März 1983 tötet sich in London, zusammen mit seiner jungen Ehefrau, Arthur Koestler (78). Am 3. Mai 1991 wird Jerzy Kosinski (58), der als Kind, wie wir in *Der be-*

malte Vogel lesen, durch Polen zog, um der Vernichtung zu entgehen, tot im Badezimmer seiner New Yorker Wohnung in der 57. Straße aufgefunden; er hatte sich eine Plastiktüte über den Kopf gestülpt. Am 11. Februar 1996 springt Amelia Rosselli aus dem Fenster ihres alten Hauses in der via del Corallo, im Zentrum Roms: ihr Körper durchschlägt das Glasdach eines Wintergartens. Nach etlichen Stunden bergen Feuerwehrmänner ihre Leiche.

Dichter und Erzähler, auch wenn sie die Stille evozieren, arbeiten mit der Sprache: Sie gleichen Zauberern, Vermittlern zwischen dem realen Leben und dem Unbekannten, deren ausdrucksvolle Gestik derlei Unterscheidung auslöscht. Jedes ihrer Worte zieht noch die Leere hinter sich her, aus der es, dank eines vitalistischen Widerspruchs, kommt. Der wissenschaftliche Fortschritt des zwanzigsten Jahrhunderts multipliziert die Möglichkeiten der Existenz und scheint dadurch denjenigen im dunkeln tappen zu lassen, der wie der Schriftsteller am Rande lebt, an der Grenze der Endlichkeit. Ist der Technikwahn der Moderne tatsächlich, wie viele befürchtet haben, ein gigantisches Spielzeug in den Händen weniger, dann drücken diese Selbstmorde die Angst des Menschen aus, der dazu angehalten wird, im Delirium der Macht die Unausweichlichkeit des Todes zu leugnen.

Aber vielleicht ist es auch ganz anders. Vielleicht sind es nur die letzten Zuckungen kollektiver Energie. Automatismen. Ruheräume der Natur. Blecherne Töne. Sprachfehler. Zu verlierende Wahlen. Ein Tick des Sehnervs. Unwillkürliche Zuckungen. Flußmoränen. Funken bei der Elektroschweißung.

Wir erreichen das Dorf. Kinder baden im Fluß. Eusebio spricht sie auf tschechisch an, sie antworten mit vor Staunen geweiteten Augen auf slowakisch. Sie werden sich noch lange an uns erinnern, wie an eine Glasmurmel, die sie zwischen den Blumen im Gras gefunden haben, oder wie an den Ball, mit dem sie spielen, den sie sich aus Fahrradschläuchen und zusammengeknüllten Zeitungen selbst gebastelt haben. Ich bleibe stehen, um mir diesen Ball genauer anzusehen: Ich erinnere mich, daß ich vor dreißig Jahren, in einem Hinterhof auf dem Esquilin, auch einmal so einen hatte.

Während ich über den Steg gehe und dabei die kleinen Mannschaften beobachte, wie sie gegeneinander anrennen, habe ich den Eindruck, unwiderruflich erwachsen zu sein. Wir machen die Bekanntschaft von Pater Stanislao, der im Pfarrhaus gerade ein paar polnische Verwandte beherbergt. Man spricht viel über den GULAG und wenig über Auschwitz. Der sowjetische Kommunismus ist noch immer eine blutende Wunde.

»Daß in Nürnberg die Anhänger Stalins die Anhänger Hitlers zum Tode verurteilen, grenzt an Obszönität.« (Tzvetan Todorov)

Dostojewskij hat in *Aufzeichnungen aus einem Totenhaus* mit dichterischem Nachdruck den Zustand lebendigen Totseins erklärt, den der Gefangene durchlebt. Wenn die Entwurzelung keine Buße im Sinne von Tolstojs *Auferstehung* prägt, wenn sie also nicht in demselben Maße über den einzelnen hereinbricht wie ein willkürlicher Gewaltakt – o Trauma der Geschichte –, dann kann sie nach Ansicht Todorovs ungestüm »die Wahrheit normaler Situationen« enthüllen.

Aber wie kann es nur möglich sein, daß jemand unfähig ist zu unterscheiden?

Alexander Solschenizyn beschreibt den GULAG: die Schwäche jeder individuellen Entscheidung, der dumpfe Zorn der Körper, die entgegen jeder menschlichen Vernunft überleben wollen, der fetischistische, ins Sagenhafte übersteigerte Wert von Instrumenten, die archaische Macht der Gruppe, die des Gefängniswärters, der erbärmliche und doch absurderweise notwendige Sinn jedweder Arbeit.

1929, als Warlam Schalamow verurteilt wurde, weil er zusammen mit mehreren seiner Gesinnungsgenossen Lenins »Aprilthesen« verteilt hatte, war er 22 und wollte Schriftsteller werden. Als er aus einer Strafkolonie im Ural zurückkam, begann er zu publizieren. 1937 wurde er aufgrund »trotzkistischer konterrevolutionärer Aktivitäten« erneut verhaftet. Die folgenden vierzehn Jahre verbrachte er in den berüchtigten Lagern der Kolyma, im letzten Höllenkreis des GULAG-Archipels, am Meer von Ochhotsk im äußersten Norden gelegen, einer unwirtlichen, kargen Gegend, dort, wo der asiatische Kontinent sich mit dem amerikanischen zu vereinen scheint, wo die Temperaturen im Winter bis zu fünfzig Grad unter Null betragen können und die Spucke im Flug gefriert. Er kehrte erst 1953 wieder nach Moskau zurück. Doch war seine Pechsträhne leider noch immer nicht zu Ende. Er wurde gezwungen, alles, was er geschrieben hatte, zu widerrufen. Er starb 1982 in einer Irrenanstalt der Hauptstadt an Lungenentzündung.

Schalamow ist der Veteran des Naturalismus: Er erzählt Geschichten von Gefangenen, die sich, sobald es Frühling wird, aus dem Staub machen, ohne Gepäck, sich nur von Gras, Wurzeln, Mäusen und Mardern ernähren. Geschichten von Männern, die bei den ersten arktischen Kälteeinbrüchen von der Beringstraße her in der Höhle irgendeines Bären ihr Leben lassen. Hitlerregime und Sowjetkommunismus: die totalitäre Matrix war ihnen gemein. Und trotzdem:

»Noch zu keiner Zeit in der Geschichte der Menschheit wurde am Fließband getötet.« (Raul Hilberg, *Die Vernichtung der europäischen Juden*)

»Trotz des Grauens von Hiroshima und Nagasaki, der Schande des GULAG, trotz des sinnlosen und blutigen Vietnamkriegs, der Vernichtung des eigenen Volks in Kambodscha,

der Verschollenen in Argentinien, und der vielen törichten, blutigen Kriege, die wir in der Folge miterlebt haben, bleibt das nationalsozialistische KZ-System, sowohl als Bauwerk wie als Idee, einzigartig.« (Primo Levi, *Die Untergegangenen und die Geretteten*)

Kurz nachdem er diese Worte zu Papier gebracht hat, am 11. April 1987, stürzt er sich in Turin über die Brüstung des Treppenhauses.

»Ich bin fest davon überzeugt, daß sich Primo Levi das Leben genommen hat, weil er ein Schriftsteller war.« (Elie Wiesel)

1990, im Alter von 87 Jahren, stülpt sich Bruno Bettelheim, ein weiterer berühmter ehemaliger Lagerinsasse, nachdem er Gift geschluckt hat, eine Plastiktüte über den Kopf, um sicherzugehen, daß er nicht überleben wird.

Verschwitzt und philosophisch

Ich sitze am Teich vor der Burg Trentschin und schaue hinunter auf die Häuser, den Bahnhof, das Freibad, die Betontrichter der umliegenden Fabriken. Ich bleibe eine ganze Weile so sitzen, grüblerisch und melancholisch. Ich denke an meinen Großvater und frage mich, ob er seinem Leben selbst Sinn verlieh oder ob ihn der Zufall leitete. Doch schon bald muß ich einsehen, daß es auf diese Frage keine Antwort gibt. Ich glaube, daß ihn sein Lebensdrang, eine bestimmte virile Energie vielleicht, vorwärtstrieb.

Er stammte aus einer bescheidenen bäuerlichen Familie in Casalfiumanese, einem Dorf in der Nähe von Imola. Von der Piazza aus sieht man bereits die Gebirgszüge des Apennin und hinter dem Dorf schon bald die ersten Bergspitzen. Er arbeitete in den Zisternen. Bereits in den zwanziger Jahren war er ein Gegner des Faschismus und gefährdete damit die gesamte Familie: Bei einem Besuch des Duce verbot er seinen Kindern, ins Dorf zu laufen, um ihn zu bestaunen. Die Behörden nahmen ihn aufs Korn und machten ihm in kürzester Zeit das Leben zur Hölle.

Er emigrierte nach Belgien, wo er jahrelang im Bergwerk arbeitete. Anscheinend hatte er nicht die Absicht, jemals wieder in die Heimat zurückzukehren. Doch meine Großmutter, die sich keinen Rat mehr wußte, wie sie ihre Kinder ernähren sollte, rief ihn nach Italien zurück. Als er wiederkam, war er angeblich kaum mehr zu erkennen. Er hatte ein wenig Französisch gelernt, war nervös und fühlte sich nicht wohl in seiner Familie. Als Italien in Afrika Krieg führte, wurde er eingezogen. Er überlebte. Als kleiner Junge sah ich mir oft sein Photo an, das in einem runden Rahmen auf der Kommode stand. Dabei fielen mir seine ungewöhnlich hellen Augen auf, sein kantiges Gesicht und die rauhe, dunkle Haut.

Eine Gruppe von Besuchern steigt zu den römischen Ruinen herauf. Ich gehe in die Stadt hinunter. An der Hauptstraße fallen mir die »westlichen« Kioske auf und die Schaufenster der Benetton-Läden. Die Seitengassen dagegen sehen aus wie die Hinterhöfe alter, einsturzgefährdeter Wohnblocks. Wie ich es bereits in anderen Ortschaften des Ostens erlebt habe, überkommt mich auch hier ein merkwürdiges Gefühl der Rührung, die Nostalgie des weltfremden Intellektuellen. In Osteuropa finde ich die Atmosphäre meiner Kindheit wieder, die letzten Tröpfchen Nachkriegsitalien, bevor sie endgültig aufgesogen worden sind: Das alte Haus mit dem herabbröckelnden Putz, die aufgerollten Ärmel eines karierten Hemds, die rundliche Form der Omnibusse.

Einige Mädchen haben wunderschöne Gesichter. Viele tragen Turnschuhe zu weitschwingenden, duftigen Rökken. Sie vermischen ohne berechnende Erotik Frau und Mädchen, folgen wie Insekten blind ihrem Geruchssinn, um sich womöglich auf Plastikblumen niederzulassen, beispielsweise auf uns dreien, würden wir die altbekannte Geste machen.

Während ich in der Unterstadt, umweht von adoleszentem Blütenstaub, an meinem Bier nippe, denke ich an einen, der möglicherweise im selben jugendlichen Alter ist und sich jetzt gar nicht weit von hier, eingeschlossen in seinem Haus, dem Studium oder irgendeiner Tätigkeit widmet und sich weit schwerere Lasten aufgeladen hat. Es ist, als ruhe die gesamte Slowakei, angefangen bei den alten, runzeligen Müttern, die den Kommunismus überstanden haben, bis hin zu den frischen, kleinen Schmetterlingen des neuen Konsums auf ihm oder ihr, auf den Jungen oder

Mädchen, die es in jeder Generation gibt, die sich aber nie in den Vordergrund spielen und die bereit sind, die Suppe der anderen auszulöffeln.

Wir reisen weiter gen Norden. Die Slowakei zieht an uns vorüber wie eine zerlumpte Prozession von Arbeitern in kurzen Socken und abgewetzten Schuhen, von Slawen mit blonden Schnurrbärten und orientalisch anmutenden Gesichtern. Junge Bahnhofsvorsteherinnen halten das rote Schild in die Höhe, als wäre es ein Spielzeug: die Züge, müde, vielgliedrige Rieseneidechsen, gehorchen blind. Die Gärten unterhalb der Fenster, die Werkstätten, gefangen zwischen Hof und Himmel, die trägen, stillen Radfahrer, die Silos, die Betriebe, die Fabrikhallen, alles vervielfacht sich. Wir bahnen uns einen Weg zwischen Karren, Metallschranken, Stacheldraht und abgetakelten Flugzeugwracks.

Povazska Bystrica.

Weißrot getünchte Schornsteine stoßen Rauch aus, Soldaten machen auf dem kleinen marmornen Platz Gymnastik. Männer in grellbunten Hemden laden sich energisch Säcke auf den Rücken. Frauen in gestreiften Pullovern und mit Handtaschen aus steifem Lederimitat stehen vor der Bahnschranke, halten Blumensträuße nach unten, als müsse das Wasser abtropfen.

Ich sehe Gitter vor den Fenstern, unbewohnte Straßenzüge, Schlafquartiere, Vorkriegslastwagen mit gewaltigen Traktorenreifen. Stinkende Tümpel locken Scharen von Insekten an. Häuser werden von festlich gestimmten Menschen bevölkert; vielleicht bahnt sich gerade die eine oder andere Liebesgeschichte an; vielleicht wird sich in dreißig Jahren noch jemand an die zerbröckelten Steine des Pflasterbodens erinnern oder an die dicken Spinnen am Türstock, die er in diesem Augenblick gar nicht bemerkt. Die Stadien neben den Wohnblocks besitzen großzügige Beleuchtungsanlagen, skelettierte Finger am gläsernen Himmel.

Povazska Tepla.

Der Zug fährt vorbei: LEN-PRE OBILNINY A-31 RIV. 56 ZSR. Meine Mutter, die mitten in der Menge ein Spottlied singt. Der heisere Aufschrei des jungen SS-Mannes. Auf dem Bahnhofsvorplatz wartet der Retter mit dem Fahrrad. Das Mädchen sieht ihn, und im Bruchteil einer Sekunde erkennt sie ihn wieder. Während der Fahrt erliege ich plötzlich einer merkwürdigen optischen Täuschung: Die Wälder sehen aus, als würden sie über die Hügel reiten. Plinio vor mir macht ein leidendes Gesicht. Die Reise nimmt kein Ende. Ich zähle mindestens vier Fußballspiele, die gerade im Gange sind, als wir vorüberfahren.

Predmier.

»Der Zug hält nun anscheinend auf offener Strecke; man weiß noch nicht recht, ob man sich noch in Schlesien oder bereits in Polen befindet. Unheimlich klingt das schrille Pfeifen der Lokomotive, gellend wie ein ahnender Hilfeschrei der durch die Maschine personifizierten, von ihr in ein großes Unheil geführten Menschenmasse …« (Viktor E. Frankl, … *trotzdem Ja zum Leben sagen. Ein Psychologe erlebt das KZ*)

Mein Gesicht spiegelt sich in der Scheibe des Zugfensters: Ich sehe eine aufgedunsene Männlichkeit. Jungen mit Goodyear-Mützen tun so, als würden sie auf den Zug schießen. Bei Kriegsende wurde meine Mutter gebeten, die Leiche ihres Vaters zu identifizieren. Als man den Sarg öffnete, zerfiel sein Inhalt an der frischen Luft sofort zu Staub. Ich schreibe, als wäre ich in einem Sägewerk, um Inventur zu machen.

Bytca.

Ich bemerke in enger Folge zwei Vordächer aus Wellblech, mehrere Eisenpfähle, etliche wackelige Holzstühle, Blumentöpfe im Garten mit fetten Pflanzen darin. Die offenen Türen lassen in Korridore blicken, in denen vermutlich Kommoden stehen. Der Hund, der träge neben dem Eingang liegt, knurrt vielleicht. Entlang der Gleise häufen sich Schutt, Abfälle, Säcke mit Kalk. Wo leben die Bewohner des Ortes? Die Dächer auf dem Hügel liegen im Gras wie ausgebreitete Schmetterlingsflügel.

Zilina.

Die Lok fährt langsamer, während sie den Zug durch einen Wald aus grünen, roten und gelben Eisenbahnwaggons zieht, in die Kohle, zu den kriegerischen Rückständen des Warschauer Pakts: kaputte Panzerfahrzeuge, Kanonen, Propeller, Flugzeugflächen, haufenweise Eisendraht. Wir sind da.

»Erst sechsundvierzig Jahre später flog ich mit Elie Wiesel von Paris nach Krakau, um Auschwitz zu besuchen. Da erkannte ich, daß Zilina nicht weit von Auschwitz lag. Was mir als belangloser Zufall erschien, erwies sich damals als Teil einer überaus effizienten Todesmaschinerie. Das Lager befand sich deshalb an diesem Ort, weil es hier ein wichtiges Eisenbahndepot gab und weil sich der Ort folglich hervorragend eignete, um die Deportierten nach Auschwitz zu überführen. Auf slowakisch bedeutet zila ›Ader‹, und der Name Zilina bezieht sich auf die zahlreichen Flüsse, die wie Adern diese gebirgige Gegend durchziehen. Es waren allerdings die Gleise der Eisenbahn, nicht die Flüsse, die wie Adern das Blut der Opfer zu ihrem Endziel trugen.« (Shlomo Breznitz, *I campi della memoria*)

Der Warteraum erinnert an einen zum Tanzlokal umfunktionierten Gemeindesaal. Sämtliche Stühle darin sind an der Wand festgeschraubt, Schulbänke, die alle unterschiedlich sind, dahinter Überreste einer alten Tapete. Auf der linken Wand fallen, wie Inseln im Fleckenmeer, drei oder vier saubere weiße Stellen ins Auge: die Porträts der kürzlich abgenommenen Väter des Sozialismus.

An der rechten Wand hängt eine Keramiksonne, in deren Scheibe ein Kinderpärchen modelliert wurde, das dem Betrachter zuwinkt: Das Mädchen hält einen kleinen Blumenstrauß in der Hand und trägt einen wehenden Rock, der Blick des Jungen ist eigensinnig und stolz. Hoch über ihren Köpfen fliegen Vögel, auch sie aus Keramik. Das große Fenster mit den schmutzigen Vorhängen und den drei Blumentöpfen, die in regelmäßigen Abständen nebeneinanderstehen, verrät eine rührende hausfrauliche Sorgfalt.

Auf dem gegenüberliegenden Gebäude steht geschrieben: Potraviny-Lahodky-Ludany.

Die Buben stellen ihre nagelneuen Adidasturnschuhe zur Schau wie Schlachttrophäen: das Karnevalskostüm mit Namen Amerika.

Ich bemerke einen großen Lichtschalter. Schäbige Holzgitter schirmen die Heizkörper ab. Und ich, wie wirke ich, wie ich hier so sitze mit meinem Rucksack zwischen den Beinen? »Wild entschlossen und introvertiert«, ruft Plinio. Dann sucht er kurz nach einer treffenderen Beschreibung und sagt schließlich: »Verschwitzt und philosophisch.« Indessen kommt ein Mann herein, dessen blaue Augen aussehen wie fluoreszierende Kugeln: Vielleicht ist er blind. Seine Zähne sind kariös, die Gesichtszüge sehr angespannt. Wir starren einander an, wir und er, wie Tiere derselben Gattung.

Mein Bart ist blond. So ulanenhaft hatte ich ihn gar nicht erwartet. Der von Plinio ist schon fast im Risorgimentobereich. Eusebio lächelt hinter seinem Gestrüpp. Diese Reise mußte früher oder später unternommen werden. Ich habe in mir einen Knopf gedrückt, nachdem ich ihn lange nur angestarrt hatte.

Wir sind Gäste eines slowakischen Gelehrten, eines Experten für Kirchengeschichte. In seiner Wohnung – zwei Zimmer, Toilette, Bad – zeigt er uns zusammen mit seiner Frau die Photos von einem Treffen mit dem Heiligen Vater. Wir sprechen von unserer Reise. Auch er setzt, was Barbarei anbelangt, den GULAG an die erste Stelle. Er begründet seine These mit dem Argument, die sowjetischen Lager hätten den Gefangenen die Seelen aufgefressen. Ich gebe zu bedenken, daß so etwas wie Seele in Auschwitz ein Luxus war, den sich nur wenige leisten konnten.

Er kennt Primo Levi nicht. Die diktatorische Bürokratie schnitt den Menschen tief ins Fleisch: Auch ich würde wohl so argumentieren, wäre ich seit Kriegsende in einem östlichen Land aufgewachsen. Trotzdem überrascht mich seine Unwissenheit – schließlich ist er Historiker! –, was das nationalsozialistische Lagersystem betrifft. Wahrscheinlich hat man in der Sowjetunion dieses Thema gemieden, als hätte eine stumme Komplizenschaft zwischen den beiden großen Diktaturen des Jahrhunderts bestanden.

Das Jüdische Antifaschistische Komitee, während des Krieges von Stalin geduldet, wurde nach dem Sieg sofort aufgelöst. 1947 wurden die gesammelten Zeugenberichte unterdrückt. Die sowjetischen Geheimdienste eliminierten die Hauptverantwortlichen des Komitees. Eine vollständige Ausgabe des berühmten *Schwarzbuchs*, herausgegeben von Ilja Ehrenburg und Wassilij Grossman, wurde erst 1993 in Wilna, Litauen, in Druck gegeben.

Um ins Zentrum zu gelangen, müssen wir durch ein Viertel gehen, das sich gerade im Wiederaufbau befindet. Es könnte die Kulisse sein für die heutige Slowakei. Die Hausdächer sind vom Wind abgedeckt. Säcke mit Kalk und Sand bilden kleine Haufen am Boden. Die Stützbalken der Gebäude sehen aus, als könnten sie jeden Moment einstürzen, aber vielleicht ist das nur unser Eindruck. In diesem Trümmerhaufen sieht man hin und wieder ein Blümchen auf eine Fensterscheibe gemalt. Die Familien haben zwischen den Fenstern Wäscheleinen gespannt und ihre Wäsche zum Trocknen aufgehängt. Bevor wir wieder auf die Hauptstraße kommen, stoße ich auf eine große Messingtafel, die an der Mauer lehnt; ich sehe ein paar Gesichter eingraviert: Soldaten, Bauern, Maurer auf dem Weg in die Sonne der Zukunft. Es muß eines der unzähligen Denkmäler sein, die die Arbeiter beiseite schaffen.

Würde man uns die Geschichte einer Frau erzählen, die am 21. Oktober 1901 in Potsdam geboren wurde, im wilhelminischen Deutschland, als blutjunges Mädchen die Ehefrau von Rafael Buber (Sohn des großen Philosophen Martin) wurde, die sich, nachdem sie sich von ihrem Mann getrennt hatte (der mit den beiden Töchtern nach Palästina floh), mit Leib und Seele dem politischen Kampf für den Kommunismus verschrieb und in zweiter Ehe den Parteiführer und Reichstagsabgeordneten Heinz Neumann heiratete, als sich gerade der Nationalsozialismus durchzusetzen begann, hätten wir bereits mehr als einen Grund zum Staunen.

Würden wir dann noch erfahren, daß dieselbe Frau, die sich in die Sowjetunion begeben hatte, und zwar mit einer Einstellung, die der einer Schiffbrüchigen nicht unähnlich sein mochte, gegen ihren Willen dazu beitrug, den geliebten Gefährten ins Gefängnis zu bringen, dann hätten wir fürwahr das traurige Recht zur Ungläubigkeit erworben.

Zilina ist eine geheimnisvolle Stadt. Sie erinnert uns an das Peking vor fünfzehn Jahren, so wie wir es uns vorstellen: wenige Fußgänger, wenige Autos. Hin und wieder ein übergroßer Platz mit eigenartigem Pflaster. Die Gebäude sind eine seltsame Mischung aus barocken, sowjetischen und byzantinischen Elementen. In manchen Vierteln herrscht eine Atmosphäre wie nach einer atomaren Katastrophe. Abstrakte Konstruktionen mit schwarzweißen, rußigen Säulen wechseln sich ab mit den spitz zulaufenden Linien der Kathedralen.

In ihrem Buch *Als Gefangene bei Stalin und Hitler* erzählt Margarete Buber-Neumann von den Schicksalsschlägen ihres Lebens: von der Verhaftung ihres Mannes, den sie nie mehr wiedersieht, im grauen, gespenstischen Moskau der dreißiger Jahre, das förmlich wimmelt von Polizisten, die nur darauf lauern, wirkliche und vermeintliche Gegner in die Verliese der Lubianka zu stecken oder sie nach Karaganda zu verfrachten, einem entlegenen Straflager vor den Bergen Kasachstans, wo Kälte, Krankheit und die Anstrengung der mörderischen Arbeit die Häftlinge dezimierten.

Zusammen mit ihr ertrugen diese unselige Odyssee Verbrecher, Politiker, Künstler, Epileptiker, beliebige Personen, Pechvögel, die man dabei überrascht hatte, wie sie respektlose Witze über die Regierung geäußert hatten, und, welche Ironie des Schicksals, Kommunisten aller Richtungen, auch solche, die mit den Leitlinien der Regierung einverstanden waren und sich den Grund nicht erklären konnten, weswegen man sie verhaftet hatte, und die, um nicht den Verstand zu verlieren, irgendwelchen imaginären Trotzki-Anhängern die Schuld an ihrer Lage zuwiesen.

Zu Anfang gehörte auch Margarete zu diesen Unglücklichen. Als sie 1940 zusammen mit ihren deutschen Gesinnungsgenossen befreit wurde, hatte sie mit allem gerechnet, nur nicht damit, daß man sie ausgerechnet den Nationalsozialisten ausliefern würde, die sie so leidenschaftlich bekämpft hatte, daß sie in die Sowjetunion ging, um den Sozialismus voranzutreiben. Doch es war die grausame Wirklichkeit, ermöglicht durch den deutsch-sowjetischen Nichtangriffspakt; und so schwanden die letzten Illusionen derer, die sich standhaft geweigert hatten, den Tatsachen ins Auge zu sehen.

Während ich auf den Stufen eines schwarzweißen Portikus sitze, unter den Laternen dieser Betonstadt am äußersten Rand der Geschichte, bemerke ich die waghalsigen Vorreiter, die Ranger des Konsums: Tretroller fahrend träumen sie von ultraschnellen Bahnen, um sich aus den Bürokratien von gestern zu den Amerikanern von heute katapultieren zu lassen und alles Dazwischenliegende kurzerhand zu überspringen. In Zilina überlappen sich die Jahrhunderte: Die Bewohner dieser Stadt sitzen auf der Tribüne und warten begierig darauf, daß die Grenzen sich tatsächlich öffnen. Der Anpfiff dazu ist bereits erfolgt, irgendwo in Europa, doch hier könnte der Bruchteil einer Sekunde auch ein paar Jahre dauern.

An einem kalten Februarmorgen erreichte ein Zug mit verlorenen Seelen die polnische Ebene und hatte Aufenthalt in Brest-Litowsk, am Fluß Bug. Dort wurden die sowjetischen Offiziere von SS-Leuten mit Schäferhunden abgelöst. Margarete kam vom Regen in die Traufe, ins Frauenlager Ravensbrück, wo ihr die Tatsache, daß sie bereits Lagererfahrung hatte und zudem keine Jüdin war, das Leben rettete. Sie wurde Blockälteste, zuerst in einer Abteilung für Asoziale, dann im Block der Zeugen Jehovas. Sie lernte Milena Jesenskaja kennen, die Freundin Franz Kafkas.

Die Isolierung, der Margarete Buber-Neumann ausgesetzt war, läßt einem die Haare zu Berge stehen: In den sowjetischen Lagern mieden sie selbst die Kommunisten, weil sie sie für eine Revisionistin hielten; in den KZ der Nazis galt sie als Deutsche nach wie vor für privilegiert; und an den Tagen der Befreiung durch die Alliierten hatte sogar sie, diese erklärte Gegnerin Hitlers, das Gefühl, als dürfe sie als Bürgerin des Großdeutschen Reichs nicht so recht mitfeiern.

Ihr Überleben verdankte sie weniger ihrer körperlich-seelischen Konstitution als ihrer Fähigkeit, Freundschaften zu schließen. Sie überstand Mißhandlungen, Einzelhaft, Hunger und Kälte. Am Ende des Kriegs durchquerte sie zu Pferd, auf dem Fahrrad und zu Fuß das brennende Deutschland, schlüpfte durch die amerikanischen Linien und erreichte schließlich ihre bayerische Heimat.

Drei Tage nach ihrem Tod, am 6. November 1989 – sie heiratete ein drittes Mal und ließ sich schließlich in Frankfurt am Main nieder – vollzog sich das eigentliche Ende des Zweiten Weltkriegs: der Fall der Mauer.

Das Schicksal ersparte meinem Großvater die grausame Desillusionierung, das Ideal seiner Jugend scheitern zu sehen. Als er sich dem Widerstand anschloß, brach er alle Brücken hinter sich ab; er wußte, daß er in den eigenen Fußstapfen nicht mehr zurückgehen konnte. Auf seine Art war er wohl eine Persönlichkeit. Angeblich beherrschte er die Kunst des »Kartenlegens«: *»Er konnte den Mädchen erklären, wie man einen guten Ehemann bekommt, und verstand sich auf die Aufhebung des ›malocchio‹, des bösen Blicks. Er kannte die Zauberworte, die es aufzusagen galt, während man einen Gesundheits- oder Liebestrank zu sich nahm, und wußte, welche Beschwörungsformel man sagen mußte, während man Asche in den Wind streute. In solchen Augenblicken war der alte Cavina wie umgewandelt. Man hatte den Eindruck, als habe er sich verdoppelt. Die jungen Leute mochten ihn gern.«* (Graziano Zappi, *La rossa primavera. Esperienze di lotta partigiana sulla Faggiola, sul Falterone e nella Bassa Imolese*)

Ich stehe auf und versuche, den Namen des Platzes zu entdecken, auf dem ich mich ausgeruht habe: Mariànské Nàmestie.

Fluchbeladene Waggons

Wir sind in den Zug nach Auschwitz umgestiegen wie drei alterslose *teddy boys* und haben größten Respekt vor uns selbst. Im Laufe des heutigen Tages müßten wir das Lager erreichen. Der Zug ist eine einzige Katastrophe.

»Am Montag wurden die Verhafteten im Morgengrauen auf Lastwagen verfrachtet und zum Bahnhof Roma-Tiburtina gefahren, wo man sie in Viehwagen pferchte.« (Giacomo Debenedetti, *Am 16. Oktober 1943. Eine Chronik aus dem Ghetto*)

Schlechtes Wetter. Ein Vorgeschmack auf den November. Die Abteile sind leer. Draußen ist alles Rauch, Nebel, Staub. Die Wege führen in die Wälder hinein und wieder heraus, wie Reptilien, die sich über eine Lichtung schlängeln.

»Die dicht aneinandergedrängten Körper, der stechende Schmerz im rechten Knie. Die Tage. Die Nächte.« (Jorge Semprún, *Die große Reise*)

In Tschadca fordert man uns auf, auszusteigen, und wir müssen ein paar Kilometer mit dem Bus fahren. Der kommt mit großer Verspätung und hält auf dem glatten, regennassen Asphalt. Während wir im Schutz einer verzinkten Wand auf ihn warten, wird mir klar, daß dies unsere letzte Etappe ist. Unsere Ankunft mußte genau so verlaufen und nicht anders.

»Man pferchte uns in einen Güterwaggon, in dessen Enge wir fünf Tage lang aushalten mußten. Während der Fahrt durften wir nur zweimal aussteigen. Die Notdurft wurde in der Mitte des Wagens verrichtet.« (Bruno Vasari, *Mauthausen, bivacco della morte*)

Züge rattern rechts und links an uns vorbei. Der Verladebahnhof ist eine Baracke im Dreck. Frauen mit Kopftüchern tragen Körbe mit Obst. Sie gehen schnell, ohne zu sprechen. Die Polizisten haben die Hände in den Taschen, die Zigarette im Mund. Ich sehe tote Tauben auf dem Asphalt, Pfützen. Es fängt an zu regnen.

»An das Leben während der Fahrt erinnere ich mich nur noch sehr vage: Durch die kleinen Luken, an denen, wenn die Waggons mit Vieh beladen sind, Ochsen stehen und nach draußen glotzen, sah man Bahnhöfe.« (Aldo Carpi, *Diario di Gusen*)

Wir fahren durch eine Landschaft aus Flaschenzügen, Ziehbrunnen, herausgerissenen Schienen, Rechen, die an Mauern lehnen, alten Flaschen, die aufgehäuft im Gras liegen. Zwischen Blechtrümmern, unbewohnt aussehenden Hütten, brachliegenden Feldern tauchen Dachrinnen auf, Kamine, nahezu kahle Bäume. Wer kann in so einer abweisenden Gegend leben? Und dennoch, in der Nähe der Baracken spürt man die Anwesenheit des Menschen.

»In Filmen oder Büchern über solche Transporte, die ja seither relativ häufig fiktionalisiert worden sind, steht der Held nachdenklich am Fenster oder vielmehr an der Luke oder hebt ein Kind zur Luke, oder einer, der draußen ist, sieht einen Häftling an der Luke stehen. Aber in Wirklichkeit konnte nur einer da stehen, und der hat seinen Platz nicht so leicht aufgegeben und war von vornherein einer mit Ellbogen.« (Ruth Klüger, *weiter leben*)

Kinder spielen auf dem Kiesbett des schmalen Flüßchens. Magere Hunde springen bellend um sie herum. Auf den Schienen liegen faule Blätter. Die Landschaft neigt sich nach unten wie eine schiefe Ebene. Der Höhenunterschied vermischt die Erde, das Gras und den Himmel mit den Pflöcken, die die kleinen bäuerlichen Anwesen abstecken. Auf einigen der Lehmhügel sind Menschen bei der Arbeit. Mit zahlreichen Aufenthalten fahren wir weiter.

Zwardon.

»Man hört ein Knirschen, spürt einen Ruck, und ich habe das Gefühl, daß sich der Zug in Bewegung gesetzt hat. Ein zweiter Ruck, und wir stehen wieder. Die Riegel werden geöffnet, die Türen aufgeschoben, und herein drängen Luft und Licht. Eine Luft, die geschwängert ist vom Rauch der Lokomotive, ein seltsam nach regnerischem Morgengrauen und Scheinwerfern aussehendes Licht.« (Bruno Piazza, *Perché gli altri dimenticano*)

Eine Beamtin der polnischen Bahn kommt ins Abteil, ein unvermuteter Farbfleck: rotes Haar, grüne Baskenmütze, rosaroter Nagellack; Alter ungefähr zweiundzwanzig. Das Panorama hat sich verändert: mehr Wald, weniger Menschen; fast wüstenartig. Männer mit Pferdegespannen tauchen auf und verschwinden am Horizont. Die Spannung steigt. Die Parabolantennen auf freiem Feld sehen aus wie Plastikpilze. Wir fahren an Dörfern vorbei: Holzhäuser, Lattenzäune, scharrende Hühner. Die Farbe Rauchschwarz überwiegt.

Tadeusz Borowski, Pförtner in Auschwitz, spielte Fußball: *»An der Verladerampe war gerade ein Zug angekommen. Aus den Güterwaggons stiegen Menschen und gingen auf das Wäldchen zu. Von weitem sah man nur die bunten Flecken ihrer Kleider. Die Frauen trugen offenbar bereits Sommerkleider. Das erste Mal in diesem Jahr. Die Männer hatten sich ihre Jacketts ausgezogen und leuchteten mit weißen Hemden. Die Prozession bewegte sich langsam, immer noch stiegen Leute aus den Waggons. Endlich waren alle draußen. Die Leute setzten sich ins Gras und blickten in unsere Richtung.«* (*Bei uns in Auschwitz*)

Czechowice-Dziedzice ist die tägliche Verladestelle nach Auschwitz. Es ist 12.08 Uhr. Wir stehen hier ungefähr zwanzig Minuten. Ich sehe die vergitterten Fenster, die komplizierten Verschlingungen der Leitungen, die Industriebauten. Es könnten Autowerkstätten sein. Weshalb sieht dann alles so verkohlt aus? Die Arbeiter, die zu zweit oder zu dritt in der Nähe der Mauer stehen, machen einem angst.

»Ich kam mit dem Ball zurück und schoß ihn ins Lager. Dort wanderte er von Fuß zu Fuß und flog in hohem Bogen, unterhalb des Portals wieder zurück. Ich schoß ihn in die Ecke des Tors. Er rollte ins Gras. Ich lief ihm hinterher, und als ich ihn vom Boden aufhob, war ich wie versteinert: der Bahnhof war leer. Von der bunten, sommerlich gekleideten Menge war nicht einer zurückgeblieben. Auch die Waggons waren fort. Man hatte einen ausgezeichneten Blick auf die Blocks der Frauenkonzentrationslager. In der Nähe des Stacheldrahts waren wieder die Wärter, die den Mädchen Grüße zuriefen, und diese antworteten ihnen von der anderen Seite der Rampe. Ich kehrte mit dem Ball zurück und schoß eine Ecke. Zwischen der ersten und der zweiten Ecke wurden hinter meinem Rücken dreitausend Menschen vergast.« (Tadeusz Borowski, *Bei uns in Auschwitz*)

Die Lok wird ausgetauscht. Ich beuge mich aus dem Fenster: Es riecht nach Teer, Kohle, verbranntem Plastik. Die Gebäude sehen aus wie Palisaden während des Ansturms. Wir kommen uns vor, als seien wir an der Endstation der industriellen Zivilisation angelangt. Die Stille wird unterbrochen vom Lärm zuschlagender Türen. Ich betrachte die hölzernen Bushaltestellen, die kompakten Betonblocks mit den verhangenen Fenstern.

In den Schaukästen an den Wänden des Bahnhofsgebäudes sind vergilbte Tabellen auf vergilbten Blättern, wahrscheinlich interne Rundschreiben. Unheimliche schwarze Vögel fliegen über uns hinweg. Die Wartezeit ist lang und zermürbend zwischen diesen Depots für Elektrogeräte, verworrene Drähte, alte Holzkisten, Blechbüchsen, Werkzeug, eingetrocknete Ölflecken. Lautsprecher verkünden krächzend die Ankunft von Zügen. Die Männer arbeiten zwischen Tanks mit schwärzlicher Flüssigkeit: Stunden vergehen, während sie sich abrackern; hin und wieder ziehen sie sich den Hosenbund höher, rücken sie ihre Mützen zurecht, binden sie sich ihre losen Schnürsenkel.

»Zweiundsechzig Personen, die man in einen Waggon zu-

sammenpfercht, werden früher oder später fast zwangsläufig zu zweiundsechzig Feinden, die um jeden Quadratzentimeter miteinander kämpfen. Und der Kampf wurde immer mühsamer, weil manchen Leuten jedes Gefühl von Menschlichkeit abhanden gekommen war und einen das Bedürfnis nach Schlaf dem Nächsten gegenüber grausam werden ließ.« (Corrado Saralvo, *Più morti, più spazio*)

Wir befinden uns erneut auf dem staubigen Weg zwischen Fuhrwerken, Dung, Aluminium, zum Trocknen aufgehängten Hemden, Kühen, gußeisernen Öfen, Dörfern, die nur aus vier Häusern bestehen, einem Kirchturm, von dem der Putz abblättert, und einem Wassertank. Tausende und Abertausende von Menschen sind hier vorbeigefahren: Der endlose Zug fluchbeladener Waggons wand sich durch Europa wie ein Wurm. Die Deutsche Reichsbahn stellte die Deportationen in Rechnung. Der Fahrpreis errechnete sich aus den zurückgelegten Kilometern: einfache Fahrt. Jitzhak Katzenelson beschrieb kurz vor seiner Deportation nach Auschwitz in einem »Gesang« das Entsetzen des Mannes, der zusehen muß, wie sein Volk stirbt, seine Frauen, seine Kinder, seine Verwandten, und der nach dem Warum fragt, ohne eine Antwort zu finden. Er sieht die Pferdefuhrwerke und Züge, die die Juden in die Lager transportieren, und bringt die Stärke auf, sich vorzustellen, daß die Tiere, wüßten sie, wohin sie trotteten, nicht mehr weitergehen würden, daß die Züge, könnten sie denken, nicht weiterfahren würden. *»Es ist nicht eure Schuld –«*, sagt er zu den Waggons *»sie beladen euch und sagen dann: fahrt los!«*

Die Personifizierung der für den Holocaust eingesetzten Maschinen, stumme Zeugen, die alles gesehen haben und nicht sprechen können, hat auch etwas Unausweichliches. Es ist die logische Leere, das dumpfe Geräusch, das man nicht mehr vergißt. Es kommt der Moment, da mich die außergewöhnlichen Zeugen, deren Schilderungen ich gelesen habe, an der Hand nehmen und ich ihnen schweigend in die Dunkelheit folge und dabei versuche, mich ihnen lediglich zur Verfügung zu halten.

»Befreit von jeder sozialen Zensur, ließen die jungen Leute ihren Instinkten freien Lauf und paarten sich im Schutz der Nacht mitten unter uns, ohne sich um irgend jemanden zu scheren, als wären sie allein auf der Welt. Die anderen taten so, als hätten sie nichts gesehen.« (Elie Wiesel, *Die Nacht*)

Schließlich steigen wir aus und gehen zu Fuß weiter. Neben den Schienen verläuft ein Kiesweg, den ein grasiger Mittelstreifen in zwei Hälften unterteilt. Während ich ihn entlanggehe, habe ich plötzlich das Gefühl, als sei ich am Ziel. Wie schon die alten Griechen wußten, entdeckt man nur, was man bereits kennt, verläßt man seine Heimat nur, um wieder zurückkommen zu können. Wir sammeln die Zeugnisse derer, die uns vorausgegangen sind, und sind darauf bedacht, uns stets die Illusion eines Sinns zu bewahren. Auf das Fleckchen Erde, wo ein Mensch gestorben ist, kommen zuerst die Insekten, dann ein Kreuz, dann Schuhe und Stiefel, und schließlich werden darauf neue Worte geäußert. Jemand verwirft die mißlungenen Modelle, um neue aufzustellen und zu erproben.

Wir werden in einen Strudel des Kulissenhaften gezogen: Das Holzhaus zu unserer Rechten hat Fenster, die groß sind wie Eingangstüren. Warum? Und dieser Lichtmast an der menschenleeren Straße, mit dem Basketballkorb auf drei Metern Höhe, was hat der zu bedeuten? Gibt es hier vielleicht Kinder, die Ball spielen? Ich blicke hinauf zu dem riesigen Werbeplakat, das isoliert in der Landschaft steht: BIRRA OKOCIM, zwei Männer fordern einander zu einem erbarmungslosen Wettkampf heraus.

»Nichts rührte sich auf der Rampe, als man die Schiebetüren der Viehwagen öffnete, denn die meisten Juden waren im Stehen gestorben, erfroren oder verhungert, und man mußte die Wag-

gons entladen, als hätte man Baumstämme transportiert. Die Leichen fielen steif auf den Bahnsteig, wo man sie übereinanderschichtete, um sie dann direkt zu den Öfen zu karren.« (Jorge Semprún, *Die große Reise*)

Im Gehen umklammere ich eine Flasche Mineralwasser. In jedem Dorf laufen uns Grüppchen von Kindern hinterher, bis sie nicht mehr mit uns Schritt halten können und aufgeben. Unter der Brücke, auf dem Kies, sehe ich ein buntlackiertes Auto: vielleicht wohnt jemand darin. Wir ziehen durch lange, verlassene Straßen, und die Stoßdämpfer der wenigen Wagen, die vorbeifahren, müßten längst ausgewechselt werden. Hinter den Fenstern sieht man hie und da die Gestalt eines Anwohners: Unsere Anwesenheit macht die Leute neugierig. Hundert Meter hinter uns verlaufen die Schienen.

Später, wieder daheim, werde ich Gombrowicz aufschlagen und den Eindruck haben, als läse ich darin eine Zusammenfassung dieses Tages: *»Schweiß, Fuks geht voran, ich hinter ihm, Hosen, Absätze, Staub, wir schleppen uns weiter, man schleppt sich weiter, die Erde, die Wagenspuren, die Schollen, leuchtende Steinchen, Sonnenstrahlen, surrende Schwüle, flimmernde Hitze, die Sonne ist schwarz, Häuser, Hecken, Felder, Wälder, diese Straße, unser Fußmarsch, von dem sich eine Menge sagen ließe.«* (*Tagebücher*)

Wir betreten eine Art Supermarkt, um ein paar Auskünfte einzuholen. Das Sortiment besteht lediglich aus ein paar Flaschen und einem Stapel Tüten. Während Eusebio redet, pflanze ich mich in die Mitte des Geschäfts und weiß, daß ich nur noch aus einem Körper bestehe, der sich bewegt. Die Kassiererin mit ihrem sanften, pockennarbigen Gesicht macht weit ausholende Gesten, um uns den Weg zu weisen. Sie redet noch immer, als wir schon weit fort sind und sie nicht mehr hören können.

Wir gehen in die Unendlichkeit, ohne ein einziges Wort zu sagen, unter einem Himmel aus siedender Watte, zwischen aufgeschütteter Erde und Gehsteigen, in der Glut des frühen Nachmittags eine Seitenstraße an die andere reihend, alle drei in Schweiß gebadet wie mangelhaft trainierte Langstreckenläufer. Wir passieren Kiefernwäldchen, verlassene Bauernhöfe, stagnierende Flußarme. Die Lastwagen wischen an uns vorbei wie sporadische Schmähungen aus Staub und Sand: Die Fahrer sitzen reglos in den Kabinen, vertieft in der Geste, die sie gerade ausführen, und bestehen eisern auf ihrem Fernfahrerimage.

»Jetzt sieht man schon mehr: In der fortgeschrittenen Morgendämmerung nimmt man rechts und links von der Strecke kilometerweit bereits die Umrisse eines Lagers von ungeheuren Dimensionen wahr. Endlose mehrfache Stacheldrahtumzäunungen, Wachtürme, Scheinwerfer und lange Kolonnen zerlumpter, mit Fetzen umgebener Menschengestalten, grau im Grau der Dämmerung.« (Viktor E. Frankl, *… trotzdem Ja zum Leben sagen*)

Ich blicke auf meine Schuhe, auf die Grashalme, die sich in den Schnürsenkeln verfangen haben, die durchgescheuerten Socken. Meine Freunde gehen müde weiter, ihre Augen starren wild wie die von Geistern. Alle zwanzig Minuten nehmen wir einen Schluck Mineralwasser aus der Flasche. Immer wenn die Flüssigkeit hin und her schwappt, sieht es aus, als würden die Bläschen in der Flasche bersten. Danach laufen wir jedesmal schneller weiter.

»Plötzlich kam die Erlösung. Die Pforte wurde geräuschvoll geöffnet, die Dunkelheit hallte wider von fremden Befehlen und von diesem barbarischen Kommandogebell der Deutschen, das einer jahrhundertealten Wut Luft zu machen scheint. Es tauchte eine breite, von Scheinwerfern angestrahlte Rampe auf.« (Primo Levi, *Ist das ein Mensch? Ein autobiographischer Bericht*)

Der Bahnhof von Oswiecim erinnert heute an ein altes Waschbecken, dessen Kalkbelag sich partout nicht mehr entfernen läßt, nicht einmal mit Säure. Auf der Straße vor den Schienen fahren Lieferwagen, Laster und Fernlastzüge. Am siebzehnten Tag sind wir endlich am Ziel.

Ich kann es noch gar nicht glauben, aber es ist wahr. Meine Augen sind vor Müdigkeit verschleiert. Ein Mädchen behauptet, das Salesianerkloster befände sich hinter den Siedlungen, die sich um das Lager herum gebildet haben. Im Gehen atme ich in vollen Zügen die polnische Luft. Wir traben hintereinander auf dem schmutzigweißen Trottoir, als wollten wir in die vom Feind besetzte Stadt einfallen. Links von uns sehen wir lediglich ein paar Gebäude, mehr nicht. Weiter vorne ragen eigenartig zugeschnittene Bäume auf. Wir gehen darauf zu.

Das Salesianerkloster, ein Block aus Stahlbeton, befindet sich am Ende der Straße, im Grünen. Hinter dem Gittertor am Eingang stehen ein paar Männer und begrüßen uns sofort auf italienisch. Vielleicht haben sie uns reden gehört. Pater Artur hat in Turin studiert, weshalb er ziemlich gut Italienisch spricht. Er führt uns in zwei Zimmer im obersten Stockwerk. Das Lager ist nur zweihundert Meter vom Kloster entfernt. Voller Ungeduld beschließen wir, es sofort zu besichtigen. Wir überqueren die Straße, tun noch ein paar Schritte und stehen schon auf dem Platz vor dem Eingang.

Kaum haben wir die Wiese hinter uns gelassen, stehen wir auf einem Parkplatz, auf dem dicht an dicht Autos, Wohnmobile und Reisebusse parken, als würden wir uns in der Nähe eines Touristenortes befinden. Unglaublich: Zwei Schritte hinter uns beginnt die Wüste, und hier stehen wir im dichtesten Menschengewühl. Die Autonummern stammen aus ganz Europa. Alle Nationalitäten. Ich bin wie durch einen dunklen Tunnel gegangen, und jetzt blendet mich die Sonne. In der Eingangshalle fühle ich mich beengt. Die intensive Konzentration der Reise steht im krassen Gegensatz zu diesem brüsken Wiedereintritt in die Alltagspromiskuität. Zu viele Schilder, zu viele Hinweise.

Zwei Wochen, um hierherzukommen, dazu die ständige Beschäftigung mit diesem Ort. Und jetzt? Das hier ist Auschwitz. Wie hattest du denn gedacht, daß es sein würde?

»Schweigen ist verboten, sprechen unmöglich.« (Elie Wiesel an Jorge Semprún, 1995)

»Das mindeste, was dazugehörte, wäre die Ausdünstung menschlicher Körper, der Geruch und die Ausstrahlung von Angst, die geballte Aggressivität, das reduzierte Leben.« (Ruth Klüger, *weiter leben*)

Ich spreche in ein Diktiergerät.

Hinter den Scheiben: weißes Haar, einst schwarz, blond, rot. Brillen, Bürsten, Schuhe, Rasierpinsel, Schüsseln, Koffer mit Namen und Adressen. Ausstattungen für Neugeborene, Kinderwagen. Künstliche Gliedmaßen. Zahnprothesen. Erkennungsphotos der Deportierten. Der Todesbunker. Die Zelle von Pater Kolbe. Die Hundezwinger, in die man Häftlinge sperrte. Die Gaskammer. Der Galgen von Rudolf Höß. Zyklon B. Die Bilder von den Selektionen. Die Kleidung der Kinder. Die Schöpfkelle für die Suppe. Die eintätowierten Häftlingsnummern, die Davidsterne, die roten Dreiecke (politische Häftlinge), die grünen (gewöhnliche Kriminelle), die schwarzen (Prostituierte und »Asoziale«), die rosaroten (Homosexuelle), die violetten (Sektierer). Die Verzettelung, der Hunger, die Ratten, die Insekten, die unablässigen Registrierungen, die Genickschüsse, die systematischen Folterungen, die Appelle, die Galgen, die mit Fingernägeln eingeritzten Zeichnungen an den Wänden, die Schilderhäuser, die Wachtürme, die Epidemien von Typhus, Fieber, Ruhr und Krätze. Die Gasleitungen in den vermeintlichen Duschen, der Erstickungstod, die Gucklöcher, durch die die SS die Agonie der Opfer beobachtete, die aufeinandergeschichteten Leichen, das Herausbrechen der Goldzähne, das Plündern von Ringen, Uhren, Halsketten, Ohrringen.

»Das düstere Mysterium der Geschehnisse in Europa ist für mich untrennbar mit meiner eigenen Identität verknüpft. Vielleicht gerade weil ich nicht dabei war, weil ein glücklicher Zufall meinen Namen aus der Liste strich.« (George Steiner, *Sprache und Schweigen*)

Wir folgen dem polnischen Führer und beschränken uns darauf, zu jeder seiner Ausführungen mit dem Kopf zu nikken. Er ist ein Mann mittleren Alters, der das Italienische mit Hilfe von Schulbüchern gelernt hat: Er spricht, als hätte jemand seine Stimme leiser gedreht, trotzdem höre ich alles, was er sagt. Von seinen Lippen lese ich die Schnitten schwarzen Brotes, die faden Gemüsebrühen, die Fußtritte, die Bastonaden, die Auspeitschungen, die Erfrierungen, die Gefäße, gleichermaßen für die Suppe wie für die Notdurft, die Firmen (Krupp, Siemens, Bayer), die an billigen Arbeitskräften interessiert waren, die Leichen, verbrannt in Zweierpaaren von jeweils einem dünnen und einem dicken Körper (Frau und Kind, kräftiger und abgemagerter Mann), die Kastrationen, die Köpfe der 150 »bolschewistischen jüdischen Kommissare«, die man Professor Hirt an der Universität Straßburg übergab, die vielen hundert Sterilisationen, ausgeführt von Professor Clauberg von der Universität Königsberg, die berüchtigten Experimente des Doktor Mengele an Zwillingen.

Die Litanei des Grauens, aufgesagt wie die akustischen Erläuterungen zur Kunst, wie man sie über Kopfhörer in den Seitenschiffen der westlichen Kirchen hören kann, hat auch etwas Abgenutztes, fast wie die Zugfahrpläne in den Stahlrahmen irgendeiner staatlichen Einrichtung. Es liegt an uns, das Papier von den Körpern zu trennen, die Information über die Geschehnisse von den Geschehnissen selbst, das restaurierte Gemälde vom Original. Das ist keine leichte Aufgabe, besonders nicht für jemanden, der jede einseitige Sicht auf die Dinge ablehnt, weil er sie für falsch hält.

Ein Schienenweg verbindet Auschwitz mit dem Lager Birkenau: Man kann ihm folgen und so zu Fuß von einem Lager zum anderen gelangen. Es sind ungefähr drei Kilometer. Die Landschaft ist immer die gleiche: Lagerhäuser, Geschäfte, niedrige, anonyme Bauten. Wir sprechen über den Teufel, wie er zuweilen auf der Tarotkarte erscheint: Mütze mit bunten Tupfen, asymmetrische, baumelnde Glieder, belustigter Blick. Als der Turm des Haupteingangs in Sicht kommt, haben wir das Gefühl, ihn schon hundertmal gesehen zu haben. Wo? Auf Photographien, in Büchern, in Dokumentarfilmen, auf der Kinoleinwand: Alain Resnais (*Nacht und Nebel*, 1956), Claude Lanzmann (*Shoah*, 1985), Steven Spielberg (*Schindlers Liste*, 1994).

Wie die jungen russischen Soldaten, die Ende Januar 1945 zu Pferd als erste über diese Grenze schritten, bewegen auch wir uns nur zögernd vorwärts, zurückgehalten von einem Gefühl, das Primo Levi in *Die Atempause* als »undefinierbare Hemmung« bezeichnete. Wir gehen die Schienen entlang bis an den Ort, wo die Selektionen stattfanden: Der Naziarzt stellte sich in die Mitte und teilte die Menschenschlange mit einer Geste seiner Hand in zwei Hälften. Der rechte Teil ging ins Lager, der linke ins Gas. Rudolf Vrba, der aus Auschwitz geflüchtet war, arbeitete vom 18. August 1942 bis zum 7. Juni 1943 an der Selektionsrampe:

»Da waren die Rampe, die Scheinwerfer und unterhalb der Scheinwerfer die SS-Leute; nach jedem Meter ein bewaffneter SS-Mann. Wir Häftlinge standen zwischen den Reihen und warteten auf die Waggons, auf Befehle. Als alles bereit war, kam der Zug. Er fuhr ganz langsam; die Lokomotive, die immer vorne war, erreichte die Rampe. Das war die Endstation, das Ende der Reise.«

Im Unterschied zum Lager Auschwitz ist hier alles groß und weit.

»In Birkenau bin ich Appell gestanden und hab Durst und

Todesangst gehabt. Das war alles, das war es schon.« (Ruth Klüger, *weiter leben*)

Die Worte des Fremdenführers erreichen uns wie ein Trommelwirbel: die Zwangsarbeiten in der Eiseskälte mit kaputten Pantinen, die bloßen Füße, die Hunde, dazu abgerichtet, Häftlinge zu beißen, die Rattenbisse der Kranken. Die Frauenbaracke 25, in der man die Gefangenen verhungern ließ. Die von rangniederen Offizieren willkürlich Erschossenen. Die Liquidierung sämtlicher Zigeuner am 2. August 1944: 2897 Tote an einem einzigen Tag. Im selben unseligen Sommer die Vernichtung der ungarischen Juden: eine halbe Million Tote, während die sowjetische Armee die Ostfront durchbrach. Die Verbrennungsöfen, die die Nazis, um ihre Spuren zu verwischen, zertrümmert zurückgelassen hatten. Die menschliche Asche im Teich, dessen Wasser schon bald verseucht war. Der Sektor III, genannt »Mexiko«, wo die Gefangenen halbnackt, von Parasiten gepeinigt, auf dem Boden liegen mußten. Die Warenregale »Kanadas«, reich ausgestattet mit den Gütern, die man den Deportierten bei der Ankunft abgenommen hatte. Die auseinandergerissenen, zerstörten Familien.

»Kinder und Frauen, junge wie alte, wurden nackt in den Tod getrieben von Männern, die jedes sentimentale Band der Zugehörigkeit und Zuneigung zerrissen hatten. Überdies hatte man diese Menschen, die man wehrlos zum Tod führte, in willkürliche Gruppen aufgeteilt, so daß sich jeder einsam und verlassen vorkam inmitten von Menschen, die er nicht kannte.« (Norbert Elias, *Über die Einsamkeit der Sterbenden in unseren Tagen*)

Mütter, die sehr wohl wissen, daß sie in die Gaskammer wandern, sobald man sie zusammen mit ihren Kindern erwischt, geben vor, sie nicht zu kennen, um die eigene Haut zu retten:

»Da geht eine schlanke Frau, die unmerklich aber fieberhaft ihre Schritte beschleunigt. Ein kleiner Junge, erst wenige Jahre

alt, mit roten Pausbäckchen wie ein Puttenengel, läuft ihr hinterher, kann sie aber nicht einholen, streckt die Händchen nach ihr aus und wimmert: ›Mama! Mama!‹ – ›Frau, nimm doch endlich dein Kind in den Arm!‹ – ›Aber nein, mein Herr, das ist nicht mein Kind, es ist nicht meins!‹ ruft die Frau hysterisch und läuft davon, die Hände vors Gesicht geschlagen.« (Tadeusz Borowski, *Bei uns in Auschwitz*)

Sogar Fälle von Kannibalismus wurden bekannt: Man fand Leichen, die Bisse von Menschen aufwiesen. Die hölzernen Blocks, ehemalige Feldunterkünfte, waren in verschiedene Kammern unterteilt, die man als Baracken bezeichnete: hier waren bis zu tausend Häftlinge untergebracht. Ich sehe mir die schiefen, mittlerweile kaputten Strohliegen an. Das Holz der Balken wird allmählich morsch. Der Fußboden ist an mehreren Stellen durchgebrochen. Ich gehe zu den zwanzig einander gegenüberliegenden Löchern, die als Latrine fungierten, und stelle mir die entsprechenden Szenen vor.

Die Zeit des Friedens, die die tragenden Strukturen auflöst, fällt mit der von mir gelebten zusammen: Ich bin im Widerhall der Gewehrschüsse aufgewachsen, in einer Luftblase, auf die einige meiner Altersgenossen, sich gegen das auflehnend, was sie für ein geschichtliches Schweigen hielten, Bomben und Granaten warfen. Ich, reglos zwischen zwei weißgekalkten Wänden, konnte niemandes Verachtung teilen.

Ich gehe ins Freie zur internationalen Totengedenkstätte. Auschwitz, in Polen eingeschlossen wie ein Mineral in einem verstaubten Schaukasten, wird in den östlichen Ländern gleichsam unter einer Glaskuppel konserviert. In welchem Jahrhundert wird es zu einer Art Rapa-Nui werden?

Im Lager war alles unerhört. Da waren die SS-Leute, in den Augen der Häftlinge unanfechtbare, mächtige Dämonen, dann die Blockältesten, Häftlinge zwar, aber mit absoluter Herrschergewalt ausgestattet, und schließlich die vom

Sonderkommando, die die Oberaufsicht über die Krematorien hatten: Ihr Aufstand im Herbst 1944 wurde blutig niedergeschlagen. Der Barackenälteste verteilte die Essensrationen, wachte über die Sauberkeit, hatte unbegrenzte Macht über die Häftlinge und brauchte vor allem nicht zu arbeiten. Der Blockälteste kontrollierte die Speisen, ließ zum Appell antreten, vollzog die körperlichen Strafen. Der Kapo leitete einen Arbeitstrupp. Er teilte die Suppe aus, schlug zu, hatte oft einen Burschen unter sich, den »Piepel«, tötete manchmal sogar. Auschwitz war, den Worten Otto Friedrichs zufolge, »ein Reich der Bestrafung« von der Größe einer Kleinstadt. In seinem Inneren, so absurd und unglaublich das uns heute auch vorkommen mag, gab es eine gut organisierte Bibliothek, ein Fußballstadion, eine Bäckerei, ein Orchester, ein Bordell, eine Gerberei und ein Hospital; diese strukturelle Spannung, verzerrte Hüllen einer Überwachungs- und Bestrafungskultur – von Michel Foucault verdeutlicht –, die sich die moderne, westliche Kultur ausgedacht hat, ist nicht leicht zu verstehen, vor allem dann nicht, wenn man sich vergegenwärtigt, welches Ziel damit im wesentlichen angestrebt wurde, nämlich die endgültige Vernichtung der Juden.

»Die Vorstellung einer von aller Sentimentalität befreiten Menschheit hat folgende überaus schlimme Konsequenz: daß die Menschen auf die eine oder andere Weise die Verantwortung übernehmen müssen für alle von Menschen begangenen Verbrechen und daß alle Nationen die Bürde des Bösen ertragen müssen, das von allen anderen begangen wird.« (Hannah Arendt, *Eichmann in Jerusalem*)

Ivan Illich vertritt eine andere Meinung:

»Wenn ich nicht verrückt bin, kann ich nur für das verantwortlich sein, woran ich tatsächlich schuld habe; und ich kann mir nicht helfen, aber ich muß einfach über die Burschen lachen, die von ein paar von meinen Freunden mobilisiert werden und durch die Straßen einer westlichen Stadt ziehen und rufen: ›Wir

wollen keinen Treibhauseffekt! Wir sind gegen die Umweltverschmutzung!‹ Das sind Regentänze.« (David Cayley, *Conversazioni con Ivan Illich*)

Ivan Illich, einer der bedeutendsten zeitgenössischen Theologen, ist ein Priester, der bis zum Gipfel der vatikanischen Bürokratie hätte aufsteigen können: Statt dessen verbrachte er fünf Jahre in den New Yorker Slums.

Wir gehen nach Oswiecim zurück.

1940, nach Ausbruch des Kriegs, wird Walter Hasenclever (50) von den Franzosen in ein Internierungslager gesperrt. Als nach der Niederlage Frankreichs die Deutschen dessen Verwaltung für sich beanspruchen, nimmt er sich an Mariä Himmelfahrt, in der Nähe von Les Milles an der Mündung der Rhône, das Leben. Ungefähr eineinhalb Monate später wird ein anderer Walter, nämlich Benjamin (48), der per Schiff in die USA fliehen möchte, von den spanischen Behörden in Port Bou festgehalten. Weil er nicht den Nazis ausgeliefert werden will, schluckt er am 26. September Gift. 1942, während des Karnevals in Rio, nimmt sich Stefan Zweig (61) zusammen mit der Frau, die er liebt, das Leben: *»Ich grüße alle meine Freunde! Mögen sie die Morgenröte sehen, die auf diese lange Nacht folgt! Ich bin zu ungeduldig und gehe ihnen voran.«*

Dienstag, 28. August 1943, bringt Simone Weil (34) in einem Krankenhaus in Ashford, von Anorexie ausgezehrt, »den Akt äußersten Gehorsams« zu Ende, nämlich, in der Interpretation von Simone Pétrement, »die Bereitschaft zum Tod«.

Die Ansicht, daß die Katastrophe des zwanzigsten Jahrhunderts auf den Schultern der Selbstmörder laste, als hätten viele von ihnen – ob sie es nun wußten oder nicht – in der Zeit der Massaker, der Vernichtungen, der Völkermorde und der Atombomben die Rolle eines Sündenbocks übernommen, summt in meinem Kopf wie eine ungeduldige Fliege, die gegen die Fensterscheibe anfliegt; ich halte sie für ideologisch und daher verfehlt. Alvarez jedoch deutet sie auf eine Weise, die sie wirksam werden läßt:

»Das Wissen um einen allgegenwärtigen, willkürlichen Tod, der wie eine mittelalterliche Seuche sowohl Gerechte wie Ungerechte trifft, ohne Motiv, ohne Vorwarnung, ist meiner Ansicht nach eine der zentralen Erfahrungen des zwanzigsten Jahrhunderts.« (*Der grausame Gott*)

Wir speisen in einem der letzten staatlich geführten Lokale, von dem gerade das riesige Türschild, RESTAURACJA, abgenommen wird: Zwei zahnlose alte Frauen, die auf der Eingangstreppe eines Hauses saßen, haben es uns empfohlen. Am Nebentisch schlagen sich Männer in gerippten Unterhemden gegenseitig auf die Brust; sie sind betrunken. Die dicke, eindrucksvolle Köchin kommt aus der Küche, um sie in die Schranken zu weisen: Sie zeigt auf uns, die einzigen Gäste des Lokals, als wolle sie sagen: etwas mehr Respekt, wenn ich bitten darf!

Ich denke an die drei Musketiere der polnischen Literatur, wie Angelo Maria Ripellino sie nannte. Drei Ritter. Drei wunderliche Typen. Drei »wariaci«, drei Verrückte. Bruno Schulz, »verhalten verrückt«, Stanislaw Witkiewicz, »verzweifelt verrückt«, Witold Gombrowicz, »rebellisch verrückt«.

Als Witkiewicz erfuhr, daß die sowjetischen Truppen, in Anwendung des deutsch-sowjetischen Nichtangriffspakts, die Ostgrenze Polens überschritten hatten, nachdem bereits die Deutschen einmarschiert waren, nahm er sich am 18. August 1939, in der Nähe von Jeziory, das Leben. Viele Jahre zuvor war er, um den Selbstmord seiner Verlobten zu vergessen, gemeinsam mit seinem Freund Bronislaw Malinowski als Zeichner und Photograph nach Australien gegangen. Bruno Schulz blieb während der Besatzungszeit der Deutschen in Drogobytsch, unter dem persönlichen Schutz eines maßgeblichen Gestapofunktionärs, Felix Landau, der ihn mit dem Malen seines Porträts beauftragt hatte. Am 19. November 1942 wurde Schulz während einer Säuberungsaktion von dem SS-Soldaten Karl Günther aufgespürt, einem Gegner Landaus, der den Schriftsteller mit zwei Pistolenschüssen tötete. »Du hast meinen Juden umgebracht und ich den deinen.« Witold Gombrowicz starb 1969 in Vence an einem Herzinfarkt.

»Diese vier Millionen getöteter Juden sind wie der Himalaya! Ich würde diese typisch polnische Naivität verbieten, die so tut, als gäbe es nur auf den Gipfeln etwas zu entdecken. Auf den Gipfeln findet man nichts, nur Schnee, Eis und Felsen – im eigenen Gärtchen dagegen gäbe es einiges zu sehen.« (Witold Gombrowicz, *Tagebücher*)

Nach dem Fußmarsch von heute morgen haben wir einen Bärenhunger. Wir tunken das einzig verfügbare süße Gebäck in die Milch. Tote Fliegen liegen auf den Tischen vor der Auslage. Wir stehen nur auf und bestellen noch eine Tasse, noch ein Gebäck, abwechselnd, mehrere Male, ein Spiel von rostigen Münzen, die die Hosentaschen verlassen und wieder hineinfallen.

Vor meinen Augen zog ein Polen der Mechanikerwerkstätten vorüber, der altmodischen Flugzeuggondeln auf freiem Feld, der weiten Ebenen und breiten Gehsteige, eines Lebens so schlicht wie im Indianerreservat. Als es dunkel geworden war, konnten wir den Weg zum Salesianerkloster nicht mehr finden. Ein junges Pärchen ging mit uns zur Straßenbahnhaltestelle: Studenten der Universität Krakau, humanistische Fakultät.

Ich fragte die beiden, welches ihr liebster polnischer Autor dieses Jahrhunderts sei. »Witold Gombrowicz«, kam es wie aus der Pistole geschossen. Daß die beiden ohne Zögern gerade diesen Namen nannten, noch dazu heute, da des öfteren der Geist des Schriftstellers vorübergeschwebt war, erschien uns wie eine seltsame Bestätigung. Ich betrachte diese jungen Leute mit der schmerzvollen Bewunderung, die ich mir im allgemeinen für Naturschauspiele aufbewahre. Er trägt genau wie seine westlichen Altersgenossen eine schwarze Sportjacke. Sie hat ein Tuch um den Hals geschlungen. Alles bestens, sage ich mir, das Karussell dreht sich weiter. Etwas weiter vorn, wie eine alte Uniform auf der Schneiderpuppe, liegt das Lager.

Der biologische Wald

Während meine Hände über den elektrischen Zaun und die Laternenpfosten im Pseudojugendstil streichen, die im Abstand von dreißig Metern den Weg säumen, sehe ich, daß das Areal, auf dem ich mich befinde, dank der Hinzufügung von Parzellen für Geschäfte, Baracken und Offiziersunterkünfte ein vollkommenes Rechteck bildet.

»Die rechtwinklige Ordnung hatte für die SS mehrere Vorteile. Der Raum ließ sich bis in die Ecken auffüllen; Kurven, Bögen, tote Winkel gab es nicht. Das Gelände war leicht zu übersehen, die Wachtürme an den Ecken hatten ein Blick- und Schußfeld von 90 Grad.« (Wolfgang Sofsky, *Die Ordnung des Terrors*)

Die Gebäude wurden zwei- oder dreistöckig gebaut, damit niemand von außen über die Mauer blicken konnte. Im Inneren gab es verbotene Zonen. Wer sich dem Stacheldraht näherte, wurde zur Zielscheibe für die Wachsoldaten auf den Türmen. Die Gefangenen durften bestimmte Schranken nicht übertreten. Dies galt vor allem für den Eingangsbereich und die Grenzen; sie waren die Symbole der Segregation und das ausschließliche Vorrecht der SS.

Noch heute ist Auschwitz eine Stadt in der Stadt, das Gespenst der *Polis*, nur ohne Dialektik, als hätte sich das traditionelle teutonische Interesse an den griechischen Ursprüngen in ein Delirium der Allmacht verwandelt. Die Blocks stehen in einer exakten Reihe nebeneinander, wie die Legosteine unserer Kindheit. Anhand des Todesblocks, in dem man die Füsilierungen beschließt und durchführt, läßt sich die Ordnung der gesamten Struktur erkennen. Die

Bestrafungszellen (90×90 cm) sind die Keimzellen des Lagers. Oft mußten vier Häftlinge darin ausharren, eng aneinandergedrängt in einem Gewirr aus ineinanderverschlungen Armen und Beinen, ein menschlicher Polyp.

Wir befinden uns in einem Schraubstock von Verkettungen, Schemata und vorgefertigten Kodizes, der darauf abzielte, die Manipulierbarkeit der Körper zu bestätigen, das Ende der Vernunft, den Triumph des kategorischen Imperativs. Das herrschende Gesetz, peinlich genau befolgt, ließ *de facto* jedem freie Hand, der berufen war, es anzuwenden. Die Folterknechte machten sich den scheinbar egalitären Geist der Vorschrift zu eigen und benutzten ihn wie eine unangebrachte Waffe. Die extreme Klassifikation des Lagerlebens hatte die Tendenz, jede idiosynkratische Originalität auszumerzen. Die noch sichtbaren Spuren dieses mürben Idealismus, der von seinen Verfechtern im Stich gelassen wurde, sind das Protokoll, das Register, die Unterlagen des Schriftführers, der Stempel des bürokratischen Apparats.

Ich betrachte die schöne Handschrift in den Dokumenten, in denen man das Massaker in Zahlen umsetzte. Selbst die Seiten, in denen über die Kleidung der Häftlinge Buch geführt wird, an die Wand geheftet wie Objekte konkreter Kunst, bringen einen dazu, das nationalsozialistische Bestreben zu überdenken, die geistigen Räume durch die Festlegung der physischen vorherzubestimmen. Im Augenblick, da Erscheinungen zu Ideen werden, besteht immer die Gefahr, daß in der menschlichen Natur ein Vulkan ausbricht, zumal die Kategorien des Verstands die Wankelmütigkeit der Welt weder erkennen noch bekämpfen können: An einem bestimmten Punkt biegen sie sich wie Eisen, das man der Sauerstoffflamme nähert.

Auschwitz fügt der einzigartigen Glut noch das konzeptionelle Stereotyp der bewaffneten Garnison bei, die typisch europäische Vorstellung, man könne Freunde von

Feinden unterscheiden. Zwischen dem Stacheldraht erstreckt sich ein grober Kiesweg, gleichsam das Zitat der Ziehbrücke, die in früheren Jahrhunderten die Besonderheit der befestigten Burganlage schuf. Der ungeschützte, hilflose Mensch konnte in dem bewehrten Raum des Lagers nichts anderes sein als ein Wurm. Andere Menschen schauten auf ihn herab, machten sich über ihn lustig. Es war, als sähen sie den abgespaltenen, verletzlichen, vergänglichen Teil ihres Selbst. Die Wachposten auf den Türmen sollten nicht wie die griechischen Wächter, deren Nachfahren sie trotz alledem waren, den fernen Horizont überwachen, um rechtzeitig vor einem drohenden Angriff zu warnen oder Zurückerwartete zu melden: Die Scheinwerfer waren auf eine Weise gedreht, daß sich der gesamte Innenbereich der Festungsanlage im Auge behalten ließ. Die Kontrolle der vorprogrammierten Aktivitäten im Lager wurde zu einer ängstlichen, neurotischen Auskultation, die das System in Gang hielt.

Giorgio Agamben zufolge sanktionierte das Konzentrationslager den Eingriff des Staates in die heilige Privatsphäre des Individuums. So etwas gab es nicht einmal zu Zeiten des Absolutismus: Das nackte, rein kreatürliche Leben der Untertanen war belanglos, zumindest vom politischen Standpunkt aus. Die demokratischen Rechte – früher klar unterschieden –, die von den Nationalstaaten ausgearbeitet wurden und die die Staatsbürgerschaft mit der Geburt in Zusammenhang setzten, schufen, so Agamben, die nötigen Voraussetzungen dafür, daß der Ort der souveränen Entscheidung auf das nackte Leben der Menschen ausgeweitet werden konnte.

»Das Lager ist der absoluteste biopolitische Raum, der jemals geschaffen wurde. Hier steht die Macht unmittelbar dem nackten Leben gegenüber.« (Giorgio Agamben, *Homo sacer – Il potere sovrano e la nuda vita*)

Dieses »nackte Leben« konnte, allen Bemühungen zum

Trotz, nicht objektiviert werden, sondern – so beschrieben es einige der Überlebenden – ging von einer Seite auf die andere über; die abstrakte Wut der Folterknechte verbündete sich mit der ergebenen Resignation der Opfer; beide schufen wie siamesische Zwillinge damit einerseits den Nährboden für die abscheulichsten Verbrechen und förderten andererseits die merkwürdigsten Schutzmechanismen.

Die Deportierten bewältigten ihre entsetzliche Erfahrung auf ganz unterschiedliche Weise. Primo Levi, der sich in *Die Untergegangenen und die Geretteten* auf eine von Solschenizyn beschriebene Episode bezieht, erzählt von einem, wie er es nennt, »seltsamen Phänomen«, nämlich dem Ehrgeiz, unbedingt gute Arbeit zu leisten. Ein Maurer aus Fossano, der die Deutschen haßte, wurde gezwungen, Mauern zum Schutz vor den Bomben zu errichten, und er baute sie umsichtig und gekonnt und brachte dabei sein ganzes Können zum Einsatz. Im Geist eines jeden Menschen gibt es mindestens einen wirklich unantastbaren Kern, der im blindwütigen Handlungswillen wurzelt: Das ist der biologische Wald, das Erbe der Spezies, zu der wir gehören.

Dieser Urkern kann der Quell für die grausamsten Greueltaten sein, wenn er die Voraussetzungen für die Pervertierung beruflicher Qualifikationen schafft oder den stumpfen Gehorsam des nationalsozialistischen Bürokraten beschließt; dennoch bilden sich in dieser Ursuppe auch die Chromosomen echter Rebellion. Die sogenannte Ehre der ordentlich verrichteten Arbeit zum Beispiel liegt einerseits dem gewissenhaften Verwaltungsmenschen zugrunde, der die Liste der vergasten Personen nach München oder Berlin schickt, findet sich aber auch im Überlebenstrieb des Zwangsarbeiters; daher betrifft sie nicht so sehr das einzelne Individuum wie die gesamte Gattung.

Der Maurer aus Fossano, der sein Ich in einer Technik auslöschte, brachte die Folterknechte mehr ins Spiel, als wenn sie ihn zum Sklaven gemacht hätten, als wären sein Mörtel und seine Ziegel der Protestschrei aus den Kehlen aller Anwesenden, der folternden wie der gefolterten. Und so frage ich mich: Wenn sich diese Kraft im maßgeblichen Augenblick als derart widerstandsfähig erweist, derart endgültig und unbesiegbar, wenn die zähe Energie, die unzerstörbare Kraft, die uns vor dem Sturz in den Abgrund bewahrt, selbst dem traurigen Wissen um unsere Endlichkeit trotzt, weshalb setzen wir sie dann nicht immer ein, auch in Alltagssituationen, zwischen einem Unternehmen und dem nächsten, damit unser Leben weniger leer wird?

Wolfgang Sofsky hat die Serialität der räumlichen und organisatorischen Ordnung in den nationalsozialistischen Lagern ausführlich beschrieben. Die Reglementierung der Bewegungen, die Tabuisierung der Tötungsorte und der Grenzen, die physische Dichte in den Blocks, der von vermeintlicher Arbeit bestimmte Tagesablauf, der die Kontinuität der inneren Zeit zerstörte, alles war sorgfältig geplant und diente der Demonstration absoluter Macht, der Zerstörung des Selbst.

Die unsichtbare Spannung im Lager spiegelte sich im Automatismus kollektiver Verhaltensweisen wider: Häftlinge und Bewacher, von derselben Substanz durchdrungen, garantierten für die Aufrechterhaltung der KZ-Struktur.

Bruno Bettelheim erinnert sich, daß jede selbstbestimmte Handlung streng geahndet wurde. Der Häftling hatte nicht einmal die Freiheit, sich selbst zu töten, die Kapos hinderten ihn daran. Die Strafe hatte einen stark metaphysischen Charakter.

»Einmal zum Beispiel wurde ein Häftling, der ausgepeitscht werden sollte, freigelassen, ehe die Strafe vollzogen werden konnte. Ein Neuankömmling erhielt seine Kennummer, und wenige Tage später mußte er sich der Strafe unterziehen, die der

andere hätte verbüßen sollen, weil die Angelegenheit unter der Nummer registriert war, die nun er trug.« (Bruno Bettelheim, *Aufstand gegen die Masse*)

Die deutsche Reiseleiterin erläutert den Jugendlichen den Mechanismus der Gaskammern. Ich schleiche der Gruppe hinterher, in die verschiedenen Räume der Baracke, in der wir uns befinden, wie ein auf psychische Vorgänge spezialisierter Detektiv. Ich bin gespannt auf die Reaktion der Jugendlichen. Ein wichtiger Aspekt in der umfangreichen Lektüre über Kriegsverbrecher ist das komplexe affektive Verhältnis ihrer nächsten Angehörigen zu ihnen: Die Mehrheit der Kinder, Frauen und Enkel nämlich neigt dazu, die Schuld von Vätern, Ehemännern, Großvätern zu schmälern, eine psychologisch durchaus verständliche Schutzreaktion.

Gitta Sereny interviewte einige Unteroffiziere der SS, die im Vernichtungslager Treblinka dem Befehl Stangls unterstellt waren. Sie hatten zwar nicht zu den grausamsten und sadistischsten Folterknechten gehört, waren aber doch in den Gaskammern eingesetzt worden: Gustav Münzberger hatte die Todgeweihten mit der Peitsche zur Eile angetrieben, und Otto Horn war den Türen zugeteilt worden. Das Gespräch fand zu Anfang der siebziger Jahre statt, als sie ihre Strafe abgesessen hatten und bereits im Rentenalter waren. Horn lebte allein in Westberlin in einer überheizten Wohnung. Münzberger, der im Sudetenland, unweit der sächsischen Grenze, geboren worden war, hatte sich mit seiner Frau und seinem Sohn Horst im bayerischen Oberammergau niedergelassen, berühmt für seine Passionsspiele. Wie es scheint, mußte sich der Sohn, um mit sich ins reine zu kommen, des öfteren diskret betrinken.

Die Autorin beschreibt Münzberger folgendermaßen: *»Eines der sprichwörtlichen Rädchen im Getriebe.«*

Auf Serenys Frage, ob denn persönliche Kontakte zwischen ihm und den Gefangenen bestanden hätten, antwortete er: *»Zu den Nackten? Wie? Ach so ... Sie meinen zu den Arbeitsjuden? Nein, um die kümmerten sich die betreffenden Kapos.«*

»Und eure Ukrainer, nicht?« ergänzte hastig seine Frau.

»Genau, die Ukrainer auch. Wir mußten gar nichts tun. Für uns gab es eigentlich gar nichts zu tun. Ja, wir mußten einfach nur da sein, das stimmt; sonst nichts.«

Kurz zuvor hatte Frau Sereny bei diesem müden alten Mann unvermittelte Energieschübe festgestellt, so daß man plötzlich erahnen konnte, wie er in der Vergangenheit gewesen sein mochte.

»Es handelte sich nicht etwa um eine moralische oder geistige, sondern um eine physische Energie.«

Aus dem alten SS-Mann klingt der blecherne Ton des Jahrhunderts, in das auch ich gehöre. Die blinde Pflichterfüllung des Mannes, der nackte, verzweifelte Menschen in die Gaskammern trieb, schwingt noch nach im alten Münzberger, der, unangenehm berührt, die Fragen dieser Frau beantwortet, die er für eine Art Journalistin aus der Stadt hält, auf der Jagd nach morbiden Sensationen. Und die Ehefrau beweist mit ihrer beflissenen Bereitschaft, das Haupthindernis so schnell wie möglich aus dem Weg zu räumen, daß sie mit liebevollem Verständnis am exekutiven Automatismus des Ehemanns beteiligt war. Die »Fragmentierung«, von der Todorov in *Angesichts des Äußersten* spricht, das heißt, diese in den Lagern so häufig zu beobachtende Trennung zwischen Gedanke und Tat, scheint sich in der Gestalt Münzbergers vollkommen zu bestätigen. Es ist dieselbe Vergeßlichkeit, dasselbe dunkle Loch, derselbe dumpfe Tierlaut im Wald, den Peter Weiss in seinem Oratorium in elf Gesängen, *Die Ermittlung,* zu rekonstruieren wußte.

Vom 20. Dezember 1963 bis zum 20. August 1965 fand in Frankfurt am Main ein Prozeß statt gegen eine Gruppe von SS-Leuten und höheren Auschwitz-Funktionären. In 183 Tagen wurden 409 Zeugen angehört, von denen 248 das Lager überlebt hatten. Zum ersten Mal setzte sich die Bundesrepublik Deutschland auf institutioneller Ebene mit der eigenen Vergangenheit auseinander. Peter Weiss war bei vielen Anhörungen, machte sich Notizen und nahm Einsicht ins Protokoll. Er rekonstruierte in freien Versen die Aufnahme von Zeugenaussagen, Beschuldigungen und Verteidigungen, wobei er die Stellungnahmen unmittelbar Beteiligter wörtlich in sein Stück einflocht.

Das Fehlen jeglicher Interpunktion sowie der bewußte Einsatz von *enjambements* schaffen eine starke emotionale Spannung, weil sie die dramatische Distanz zwischen der Ungeheuerlichkeit des Gesagten und der Rechtsprechung betonen, deren Grenzen es offensichtlich sprengt. Während wie geisterhafte Nänien die Gesänge der Rampe, der Schaukel, der schwarzen Wand, des Phenols und der Feueröfen aufeinanderfolgen, mit den Worten, die tatsächlich im Gerichtssaal gesprochen wurden, drängen sich im Bewußtsein des Zuschauers die eigentlich Abwesenden immer mehr in den Vordergrund: die Fragezeichen und die Ausrufungszeichen. Wie eine Mutter, die keine Tränen mehr hat, um zu weinen.

In seiner gut dosierten Vermengung diverser Zeugenaussagen gelang es Weiss, gleichsam in einem poetisch-strukturellen Taucheranzug in das zerstückelte Innere des modernen Bewußtseins vorzudringen. Mir gefiel die Vorstellung des Tauchers, der sich steil nach unten sinken läßt, in die Tiefen der Psyche, verlassen von den sogenannten geistigen Meistern, sich selbst überlassen aufgrund einer falsch verstandenen expressiven Sehnsucht, als könne der Mensch in derlei Abgründen freier und glücklicher werden. Als er unten ankam, fand er nichts als Relikte und Ruinen: Die Menschen haben sich gegenseitig verschlungen. Doch statt des umgestürzten Himmels, von dem zu Beginn des Jahrhunderts André Breton schwebte, vollzog sich vor den Augen des Tauchers ein erschreckendes Schauspiel:

Tausend bis zweitausend Menschen, in einen Auskleideraum gepfercht, der etwa 40 Meter lang war und etwas über zwei Meter hoch.

Männer und Frauen
Alte und Junge
Kinder

Etwa 10 Minuten brauchten die Menschen, um sich auszukleiden. *Die Leute vom Sonderkommando riefen*
Schnell Schnell

Der andere Raum war kleiner,
etwas mehr als 30 Meter lang …
Die letzten wurden hineingepreßt
und die Tür wurde zugeschraubt.

So waren sie innerhalb der vier Betonwände zusammengedrängt, zwischen den Säulen aus Eisenblech.

Das Gas wurde oben
in die Blechsäulen eingeworfen …
Es weckte Schwindel und starke Übelkeit
und lähmte die Atmungsfunktionen …
Nach 30 Minuten wurden die Türen geöffnet …
Die Leichen lagen übereinandergedrängt
in der Nähe der Tür und der Säulen
und zwar lagen Säuglinge
Kinder und Kranke unten
darüber die Frauen
und ganz oben die kräftigsten Männer …

Vor der Verbrennung entfernten erstklassige Spezialisten mit Zangen und Brecheisen Goldzähne und Brücken. Dabei rissen sie ganze Stücke der Kiefer heraus.

100 Mann arbeiteten unaufhörlich vor den Öfen
in zwei Schichten …
Die Firma Topf und Söhne hat
wie es in ihrer Patentschrift
nach dem Kriege heißt
ihre Einrichtungen

auf Grund gewonnener Erfahrungen
verbessert ...

Jede Verbrennung dauerte ungefähr eine Stunde. Innerhalb von 24 Stunden wurden über 3000 Menschen verbrannt.

Die Vernichtung vollzog sich jedoch nicht nur mittels Gaskammern und Verbrennungsöfen. Man muß auch die Epidemien mit einrechnen, deren Ausbreitung begünstigt wurde, die Einzelhaft in den Bunkern, wo die Folterknechte absolute Freiheit hatten, die Gefängnishöllen im Innersten der Lager, die Hundezellen von Dachau, die Heizungsnischen von Natzweiler oder die typischen KZ-Krankheiten: Fleckfieber, Gesichtsbrand, eine krebsartige Geschwulst, die Löcher in die Wangen fraß, und die Schälblattern, ein Hautausschlag mit eitrigen Bläschen.

Religiöse Menschen haben plausible Erklärungen ausgearbeitet, auf denen ich wie ein ungeübter Schlittschuhläufer ausgeglitten bin und nicht mehr auf die Beine kam: Der jüdischen Mystik zufolge war das, was im Deutschland des zwanzigsten Jahrhunderts geschah, eine der extremen Folgen einer Abkehr von Gott, bedingt durch den Wunsch des Menschen, sich freizumachen. Es ist die These, die Hans Jonas aufgreift, um sich gegen die nihilistischen Interpretationen der Endlösung zu wehren. Wie Gershom Scholem glaubte, als er die von Jitzhak Luria aufgestellte These des *Tzimtzùm* erklärte, ließ Gott in dem Augenblick, da er die Möglichkeit der Welt schuf, in seinem Geschöpf eine Zone frei, aus der er sich zurückzog, eine Art mystischen Urraum, in den Er im Akt der Schöpfung und Offenbarung zurückkehren kann. Carlo Angelino, der die italienische Ausgabe von Jonas' Abhandlung *Der Gottesbegriff nach Auschwitz* herausgegeben hat, zitiert diesen Gedanken, wobei er jedoch den Bezug zu der berühmten Passage in Elie Wiesels Roman *Die Nacht* betont, in der das am Galgen strampelnde Kind ein Gleichnis sein soll »für die absolute

Ohnmacht Gottes beziehungsweise für Seine Unfähigkeit, in die Geschicke der Welt einzugreifen«.

Jürgen Moltmann dagegen weist aus evangelischer Sicht eine vermutete Abwesenheit Gottes zurück und will in Auschwitz gerade eines der stärksten Bilder für Seine Gegenwart erkennen, der die Gepeinigten in den Tod geleitete. Moltmann zufolge wäre es heute nicht mehr möglich, Theologie zu betreiben, wäre Gott nicht sogar in Auschwitz gegenwärtig gewesen.

Ich sitze immer noch vor den Baracken und starre auf die roten Ziegel. Endlich bin ich hier. Die Lektüre der vergangenen Jahre bildet einen festen Klumpen, der unmerklich immer mehr zusammenschrumpft und schließlich ganz verschwindet: Wer an diesen Ort kommt, wo einst ein schwarzer, technologischer Morgen graute, den treibt es unwillkürlich in die Vorgeschichte zurück. Nacheinander drängen sich mir Fragen auf, Gefühle, Konzepte, Ideen. Ich werde zur Blase meines eigenen Denkens. Während eine Reisegruppe nach der anderen in die Baracken geht und wieder herauskommt, lasse ich die Protagonisten der Tragödie an mir vorüberziehen: Rudolf Höß, der mit seiner Frau und den fünf Kindern in einem Häuschen neben dem Lager lebte und mit einer Gefangenen liiert war, Eleonora Hodys: Als sie schwanger wurde, schickte er sie kurzerhand ins Gas. Friedrich Wilhelm Boger, Erfinder eines besonderen Folterinstruments, der sogenannten »Bogerschen Schaukel«:

»Das Opfer mußte sich mit angezogenen Knien auf den Boden setzen und die gefesselten Hände über die Knie ziehen; unter die Kniekehlen und oberhalb der Unterarme steckte man eine Stange, die hochgezogen und an einem Bock befestigt wurde. Der Häftling hing nun mit dem Kopf nach unten, wurde geschaukelt und erhielt bei jedem Schwung einen Schlag auf das angespannte Gesäß oder gezielt auf die Geschlechtsteile.« (Wolfgang Sofsky, *Die Ordnung des Terrors*)

Joseph Klehr, Sanitäter, verantwortlich für 475 Morde. Otto Moll, berüchtigter Leiter der Krematorien. Mala Zimetbaum und Edek Galinski, ein junges polnisches Pärchen im Lager; nach geglückter Flucht mieteten sich die beiden ein Zimmer im Dorf Oswiecim, wo sie sich versteckt hielten, bis man sie entdeckte, zurückbrachte und erhängte. Mala Zimetbaum gelang es, sich vor der Hinrichtung mit einer Rasierklinge die Pulsadern zu öffnen. Sim Kessel, französischer Boxer, ausgesondert für die Gaskammer; ein anderer Boxer, der Unteroffizier der SS war, erkannte ihn, beschloß, ihn zu retten, und lud sich den Halbnackten auf sein Motorrad. Rudolf Friemel, ein österreichischer Kommunist, der die Erlaubnis erhielt, in Auschwitz zu heiraten, und zwar eine Französin, Margarita Ferrer Rey, um den Sohn zu legitimieren, der aus dem Verhältnis bereits hervorgegangen war. Die Eheleute verbrachten ihre Hochzeitsnacht im Lagerbordell. Tags darauf mußte die Frau es wieder verlassen. Kalmin Furman, Nummer 80180, Mitglied des Sonderkommandos, der die eigenen Eltern im Krematorium verbrennen mußte. Eduard Wirths, von September 1943 bis zur Befreiung leitender Arzt in Auschwitz, der vergebens versuchte, das Massenmorden zu verhindern, und sich in der Nacht seiner Gefangennahme erhängte. Maria Mandel, Aufseherin im Frauenlager Birkenau.

Es ist ein endloser, düsterer Tunnel großer und kleiner Anwesenheiten, in den ich gezogen werde. Ich versuche, im Fluß der Menschheit, der mich durchströmt, bekannte Gesichter zu entdecken.

Gertrud Kolmar wurde 1894 in Berlin geboren. Während ihre Schwester und ihr Bruder nach Zürich emigrierten, blieb sie, die nicht geheiratet hatte, bis zur bitteren Neige an der Seite ihres alten Vaters, eines bekannten Juristen. Nachdem man sie zur Zwangsarbeit genötigt hatte, starb sie aller Wahrscheinlichkeit nach in Auschwitz.

»Die hier umhergehn, sind nur Leiber / Und haben keine Seele mehr, / Sind Namen nur im Buch der Schreiber, / Gefangene: Männer. Knaben. Weiber. / Und ihre Augen starren leer …«

Etty Hillesum ging freiwillig ins Frauenlager Westerbork in Holland, um das Leid der anderen zu teilen. Auch sie verschwand in den Geheimnissen von Auschwitz, wobei sie der nationalsozialistischen Machtgier mit einer Gesinnung entgegentrat, die der existentiellen Unvollkommenheit enthoben schien. Im Angesicht der Grenze der *condition humaine* begriff sie sie, statt ihre Offenkundigkeit zu leugnen, in Briefen und Tagebüchern als erzieherischen Wert.

»Die Leute wollen nicht einsehen, daß man an einem bestimmten Punkt nicht mehr handeln, sondern nur noch sein und akzeptieren kann.«

In diesen Worten, diktiert von jener »betrübten Zufriedenheit«, die Etty Hillesum für das nicht nur edelste, sondern auf lange Sicht auch angemessenere Gefühl hält, und zwar im österlichen Sinne, klingen die des Dietrich Bonhoeffer nach, eines protestantischen Theologen, der am 9. April 1945, nach langer Haft im Lager Flossenbürg, auf Hitlers persönlichen Befehl hingerichtet wurde:

»In den letzten zwei Jahren habe ich gelernt, daß ein Mensch nicht viel zum Überleben braucht … Wenn man bedenkt, wie viele Menschen jeden Tag all ihr Hab und Gut verlieren, kann man doch nicht mehr den Anspruch erheben, irgend etwas zu besitzen.« (*Widerstand und Ergebung*)

Im Bewußtsein anderer könnte sich eine Haltung wie diese in einen Mythos des Leids verwandeln. Wieder ist es Margarete Buber-Neumann, die uns, mit einem Satz von Milena, davor warnt: *»Ich weiß nicht, wer behauptet hat, daß der Schmerz den Menschen adelt. Aber ich weiß ganz gewiß, daß das eine Lüge ist!«* Im Lager Ravensbrück mag sie die Bestätigung erhalten haben: *»Man konnte gewiß nicht behaupten, der Schmerz hätte die überwiegende Mehrheit der Ge-*

fangenen gebessert oder gar geadelt, allzu große Schmerzen können vielmehr aus jedem Menschen ein wildes Tier machen.« (*Milena. Kafkas Freundin*)

Es gibt immer einen Augenblick, da uns derselbe Impuls, der uns zum Angriff führt, zum Rückzug zwingt: Erweist sich die egoistische Struktur, in der wir verwurzelt sind, als fragil, sind wir schließlich bereit, die Reduktion unserer Ziele hinzunehmen wie einen unvermeidlichen Tribut; haben wir dagegen tiefe Wurzeln, wird jedes politische Zugeständnis, das man uns abverlangt, zu einem Tropfen Alkohol in die offene Wunde. Das ist der Grund, weswegen es so schwierig ist, in Notlagen, wenn einen die Umstände zu einfacheren Modellen treiben würden, die einem Halt verleihen, das Urteilsvermögen zu bewahren. Doch das genau ist auch das Motiv, mit dem sich die vielfältigen Formen des Muts erklären lassen: Es gibt Menschen, die imstande sind, eine Niederlage hinzunehmen, ohne dabei auch nur ein Fünkchen jener Energie zu verlieren, mit deren Hilfe sie sich dagegen aufzulehnen vermögen.

Das große Mansardenzimmer, in dem wir untergebracht sind, ist voller Gepäckstücke, die wild verstreut auf dem Fußboden liegen. Plinio spannt gerade eine Schnur von einem Fenster zum anderen, um die Wäsche aufzuhängen: Es könnte der letzte Waschtag sein, bevor wir nach Italien zurückfahren. Eusebio ist barfuß und durchwühlt seinen Rucksack.

Ich gehe in kurzen Hosen zwei Stockwerke tiefer, um mich zu waschen. Die Patres schlafen alle. Ich humple leicht, eine Folge der anstrengenden Tage. Ich schalte das Licht an im Badezimmer: Es wird hell. Ich öffne die Balkontür mit der abgesplitterten Farbe: Ich hatte den strahlenden Sommer draußen völlig vergessen.

Das Wasser eines vorüberfließenden Baches duftet nach Waldblumen. Die Wohnblocks von Oswiecim, regelmäßig aneinandergereiht, sind eindrucksvolle Gemäuer. Die

Sterne stehen im Quadrat über ihnen. Die Hunde bellen im altbekannten, universellen Rhythmus. Ich wende beruhigt den Kopf. Oberhalb der schmalen Holzbank befindet sich eine endlos lange Spiegelreihe. Ich beuge mich nach vorn, um mein Bild zu finden, dem ich nichts zu sagen weiß. Ich habe mir das Handtuch über die Schultern geworfen und sehe damit aus wie ein Boxer während der magischen Augenblicke, bevor er den Ring besteigt. Die Neonleuchten erinnern an Scheinwerfer in einem Tunnel, die Hunderte von Masken enthüllen: Ich fühle das Leben meines Großvaters auf meiner Haut pulsieren wie eine Brandwunde.

Blutacker

Heute nachmittag bin ich noch einmal ins Lager gegangen, zum Block elf. Dabei begegnete ich dem polnischen Reiseführer, der zwei italienische Nonnen begleitete: Wir nickten uns zu. Er schien verwundert, mich erneut auf Erkundung zu sehen.

Ich schritt unter dem berühmten Eingangsschild ARBEIT MACHT FREI hindurch und streifte den Stacheldraht zwischen den Reihen der Blocks. Nachdem ich die obere Kreuzung hinter mich gebracht hatte, wo das Gefangenenorchester die groteske Begrüßungsmusik gespielt hatte, erreichte ich den Appellplatz mit dem Galgen neben der Küche. Vor dem Eingang zu Block elf hatte sich eine kleine Menschentraube gebildet.

Der Hof ist von hohen Mauern umgeben. Wären da nicht die Fenster gewesen, die mit breiten Holzplatten verbarrikadiert waren, die die Gefangenen daran hindern sollten, die Bestrafungen mit anzusehen, hätte er wie der Hinterhof einer Vorstadtsiedlung wirken können, auf dem die Jungen Basketball spielen. Das dunkle Rechteck in der Mitte der Mauer läßt schon von weitem den Schießplatz erkennen: Die SS vollzog hier ungefähr zwanzigtausend Erschießungen. Die Aussagen im Frankfurter Prozeß stimmen überein, wenn sie die Szenen rekonstruieren, die sich an diesem Ort abspielten. Die Häftlinge wurden jeweils mittwochs und freitags aus ihren Zellen geholt. Man schickte sie nach nebenan ins Badezimmer, wo sie sich auskleiden sollten. Manchmal geschah es, daß man sie, um Zeit zu sparen, bereits im Umkleideraum erschoß. Normalerweise aber führte sie ein anderer Häftling in Zweierpaaren auf den Platz und schob sie vor die schwarze Wand.

Die SS-Männer waren mit Pistolen kleinen Kalibers bewaffnet, die mit Schalldämpfern versehen waren, und verabreichten ihnen aus wenigen Zentimetern Entfernung Schüsse ins Genick. Die Hauptschützen der politischen Abteilung waren der Unterscharführer Oswald Kaduk, Perry Broad und Oberscharführer Gerhard Arno Max Palitzsch. Die Häftlinge, darunter auch Frauen und Kinder, beteten, bevor sie starben, sangen Nationalhymnen oder schrien. Kaum waren sie zusammengebrochen, legte man sie übereinander auf eine Bahre und schaffte sie fort, zum Massengrab.

Bevor man sie hineinwarf, legte man sie auf den Boden und ließ ihre Köpfe über den Rand der Grube hängen, damit die Körper ausbluteten. Laut Aussage der Täter kam es immer wieder vor, daß ein Häftling noch am Leben war. In solch einem Fall erhielt er den Gnadenschuß. Ab 1944 entnahm man der einen oder anderen Leiche Gewebeproben, die man für die Experimente im angrenzenden Block zehn benötigte.

Ich stand bereits eineinhalb Stunden hier und wartete darauf, daß der Platz leer wurde. Das unentwegte Kommen und Gehen der Menschen lenkte mich ab. Männer und Frauen, die den Keller besichtigt hatten, traten gesenkten Hauptes und mit ernster Miene ins Freie hinaus und sammelten sich nachdenklich unter den Fahnen. Auch meine beiden Freunde waren dabei: Wir hatten uns darauf geeinigt, daß jeder von uns, bevor wir nach Krakau weiterreisen würden, noch einmal allein das Lager besichtigen sollte; wir suchten nach dem letzten Echo in uns.

Der Andrang schien nicht enden zu wollen. Ich wollte gerade gehen, als es plötzlich still wurde. Ich stand vollkommen allein vor der Todeswand. Ich starrte zuerst auf die Ziegel der Baracke, dann auf das dunkle Rechteck in der

Mauer und versuchte, den Faden meiner Gedanken weiterzuspinnen.

Dies zum Beispiel: Das Wissen, daß etwas von dem Menschen in uns ist, der uns vorausgegangen ist, ein Wissen, dem man sich nicht so einfach entziehen kann: ein Teil in uns ist Verfolger, ein Teil Opfer. Was konnte ich sagen? Nur daß diese explosive Mischung wie eine ohrenbetäubende innere Gewehrsalve ins Nichts verpufft. Ich war überrascht von der Naivität solch einer Überlegung. Die Jahre des Lesens, die zwanzigtägige Reise, die Anmerkungen, Begegnungen, Gedanken, Energien und Erfahrungen sollten nur dies wenige hervorgebracht haben? War ich denn so weit gereist, unter Aufwendung all meiner Kräfte, um solch ein erbärmliches Ergebnis zu erzielen?

Desorientiert und konfus starrte ich weiter auf die schwarze Wand, die als bleibendes Mahnmal rekonstruiert worden war: Als die Erschießungen stattfanden, bestand sie aus dicken Platten. Das Holz, bespannt mit geteertem Sackleinen, hatte eine poröse Oberfläche. Meine Augen wurden langsam wieder in diesen Schlund aus geronnenem Schlamm gesaugt; ich wüßte nicht, wie ich die trostlose Hypnose, in die ich verfiel, ohne Gedanken, ohne Gesichter, ohne Namen, anders beschreiben sollte. Das Licht des Sonnenuntergangs um mich herum wurde zum schwachen Schimmer, oder war das etwa Einbildung? Im Sommer wird es doch erst viel später dunkel.

Als mich schon die Dunkelheit zu umhüllen drohte, kamen mir verschiedene Bilder in den Sinn, verschwammen ineinander wie in einem unvermittelten Fieberanfall, einem plötzlichen Schnitt: Ich sah meinen Großvater, in dem Augenblick, da ihn die Gewehrsalve traf, meine Mutter, als sie aus dem Bahnhof von Udine rannte, die Schriftsteller, die sich das Leben genommen hatten, die Erschossenen und Vergasten, Millionen verbrannter Leichen, deren Asche der Wind auf das Laub der umstehenden Bäume trug. Die eigenartige Prozession all dieser armen Verlassenen umzingelte mich, bis ich keine Luft mehr bekam. Mit den Gehenkten geschieht folgendes: die Zunge quillt aus dem Mund, feuerrot, dazu tropft unablässig der Speichel. Sie drängten sich immer enger an mich heran, zwangen mich, zurückzuweichen, aber hinter mir war kein Platz. Ich wünschte mir, alles wäre nur ein Traum: Gleich wache ich auf, und alles ist vorüber.

Sie drückten sich stumm, stur, getrieben von der unsichtbaren Kraft, die zuweilen Todgeweihte in ihrer Verzweiflung entfalten, an mich heran: Statt wie Hirngespinste zu wirken, was sie ja waren, kamen sie mir ganz konkret vor, aus Fleisch und Blut, mit ihrem säuerlichen Geruch und den verängstigt zitternden, halboffenen Mündern, die spasmodisch nach Luft schnappten. Sie sahen aus wie Fische auf dem Trockenen.

In der beängstigenden, nicht zu unterscheidenden Menge der Selbstmörder und Deportierten erkannte ich auch ein paar Gesichter, die ich auf der Reise gesehen haben mochte: Kellner, Bettler, junge Mädchen, Benediktinermönche, Liebespärchen, Verkäuferinnen, Zigeuner, Polizisten, Jogger, Menschen, die mit mir gemeinsam auf Busse oder Züge gewartet hatten. Einige rannten, die Hände schützend vor die Kehle haltend, mit aufgerissenen Mündern zu verriegelten Türen, viele standen mit hervorquellenden Augen herum, andere lagen bereits verendet am Boden wie benutzte Putzlumpen.

Auch ich fühlte, wie sich mir der Kopf drehte, die Knie weich wurden. Meine Augen begannen zu tränen, meine Orientierung schwand, ich hielt mich nur noch mit Mühe auf den Beinen. Was geschieht mit mir? Im Bruchteil einer Sekunde kam ich zu folgendem Schluß: In der Luft müssen giftige Dämpfe liegen. Ich ließ mich vor einer Luke nieder, die in den Keller führte, in der Hoffnung, wieder Atem schöpfen zu können.

Neben mir versuchte ein alter Mann, dasselbe Luftloch zu erreichen, doch mit meiner Kraft gelang es mir, ihn wegzudrücken, gnadenlos, wie es der nackte Überlebenstrieb mir zu tun gebot. Auf allen vieren kriechend, hustend und eine zähe Flüssigkeit speiend, sah ich auf die Straße hinaus: Autos, die in Flammen standen, mehrere Gebäude, die eingestürzt waren, kleine Kinder, die barfuß herumliefen und ihre Eltern suchten, alle waren von einer Art Synkope getroffen. Nun wußte ich mir auch die Anwesenheit all dieser Personen zu erklären: Sie hatten versucht, sich in Sicherheit zu bringen.

Langsam bekam ich wieder Luft.

Ich weiß nicht, wieviel Zeit vergangen war, seit ich begonnen hatte, die Mauer anzustarren, bis zu dem Augenblick, da ich mich wieder davon losreißen konnte. Als ich die Augen zu den Fahnen hob, sah ich, mit der schläfrigen Frische des ersten Wiedererwachens, den riesigen Baum, den man absichtlich über die Einzäunung hatte hinauswuchern lassen, in offenkundiger Anspielung auf die Blindwütigkeit der Natur, die sogar dort gedeiht, wo sie scheinbar keinen Nutzen bringt, nämlich zwischen den Steinen.

Jemand berührte meine Schulter: es war der polnische Wärter. Ich erinnere mich an das schlecht rasierte Gesicht des Mannes, an seine weißen Bartstoppeln auf den Wangen, den faltigen Hals. Ich nahm ihn erst jetzt richtig wahr. Außerhalb des Kontextes, in dem er sich befand, hätte ich ihn für einen ehemaligen Soldaten gehalten. Er lächelte über meine Zerstreutheit.

Das Museum würde in Kürze schließen: Deshalb also war der Platz schon leer. Wie in den städtischen Parks gingen auch hier ein paar Wärter mit Schlüsselbunden am Gürtel herum, um die letzten Nachzügler einzusammeln. Er war es, der mich zum Ausgang begleitete, ohne mir Fragen zu stellen: Er trug Turnschuhe, und der oberste Knopf seines Hemdes war offen; ich hörte seinen keuchenden

Atem im Takt mit dem meinen. Er mochte gegen Ende des Zweiten Weltkriegs geboren sein, in den allerersten Reihen der Friedensheimkehrer: Ich hatte nicht einmal Zeit, ihn nach seinem Namen zu fragen.

Wir gingen schweigend an den Blocks vorüber, Schulter an Schulter, wie Arbeiter, die Überstunden geleistet haben, und ich wußte: Dies ist der Leib des zwanzigsten Jahrhunderts, der Blutacker unserer Tage.

Bibliographie

Adorno, Theodor W., *Antisemitismus*, Frankfurt 1993

Agamben, Giorgio, *Homo sacer – Il potere sovrano e la nuda vita*, Turin 1995

Alvarez, Alfredo, *Der grausame Gott. Eine Studie über den Selbstmord*, Hamburg 1974

Améry, Jean, *Jenseits von Schuld und Sühne*, Stuttgart 1977

–, *Hand an sich legen*, Stuttgart 1994

Antelme, Robert, *Das Menschengeschlecht*, München 1987

Arendt, Hannah, *Eichmann in Jerusalem. Ein Bericht über die Banalität des Bösen*, München 1964

–, *Nach Auschwitz. Essays und Kommentare I*, Berlin 1989

Badiou, Alain, *L'éthique*, Paris 1993

Bastian, Till, *Auschwitz und die Auschwitzlüge. Massenmord und Geschichtsfälschung*, München 1995

Bataille, Georges, *Die Erotik*, München 1994

Bauman, Zygmunt, *Dialektik der Ordnung. Die Moderne und der Holocaust*, Hamburg 1992

Beradt, Charlotte, *Das Dritte Reich des Traums*, Stuttgart 1994

Bettelheim, Bruno, *Aufstand gegen die Masse*, Frankfurt 1989

–, *Erziehung zum Überleben. Zur Psychologie der Extremsituation*, München 1982

Bilenchi, Romano (Hrsg.), *Cronache degli anni neri*, Rom 1984

Böll, Heinrich, *Der Zug war pünktlich*, München 1972

Bolis, Luciano, *Il mio granello di sabbia*, Turin 1995

Bonfantini, Mario, *Un salto nel buio*, Mailand 1959

Bonhoeffer, Dietrich, *Widerstand und Ergebung*, Gütersloh 1997
–, *Brautbriefe Zelle 92,* München 1993
Borowski, Tadeusz, *Bei uns in Auschwitz. Erzählungen*, München 1982
Breznitz, Shlomo, *I campi della memoria*, Mailand 1994
Browning, Christopher R., *Ganz normale Männer. Das Reservepolizeibataillon 101 und die »Endlösung« in Polen*, Reinbek 1993
Buber-Neumann, Margarete, *Milena. Kafkas Freundin*, München 1993
–, *Als Gefangene bei Stalin und Hitler*, München 1949
Buruma, Ian, *Erbschaft der Schuld. Vergangenheitsbewältigung in Deutschland und Japan*, München 1994
Camon, Ferdinando, *Ich suche nach einer Lösung, aber ich finde sie nicht. Ein Gespräch mit Primo Levi*, München 1993
Camus, Albert, *Der Mythos von Sisyphos. Ein Versuch über das Absurde*, Reinbek 1997
–, *Der Mensch in der Revolte. Essays*, Reinbek 1997
Canetti, Elias, *Masse und Macht*, Reinbek 1984
Carpi, Aldo, *Diario di Gusen*, Turin 1993
Cattaneo, Carlo, *Interdizioni israelitiche*, Rom 1995
Cayley, David, *Conversazioni con Ivan Illich. Un profeta contro la modernità*, Mailand 1994
Deaglio, Enrico, *Die Banalität des Guten*, Frankfurt 1992
Debenedetti, Giacomo, *Am 16. Oktober 1943. Eine Chronik aus dem Ghetto*, Berlin 1993
Duras, Marguerite, *Der Schmerz*, München 1994
Durlacher, Gerhard, *Streifen am Himmel. Vom Anfang und Ende einer Reise*, Hamburg 1994
Ehrenburg, Ilja; Grossman, Wassilij, *Das Schwarzbuch. Der Genozid an den sowjetischen Juden*, Reinbek 1994
Elias, Norbert, *Über die Einsamkeit der Sterbenden in unseren Tagen*, Frankfurt 1982

Fénelon, Fania, *Das Mädchenorchester in Auschwitz*, München 1981
Foucault, Michel, *Überwachen und Strafen. Die Geburt des Gefängnisses*, Frankfurt 1977
Frank, Anne, *Tagebuch*, Frankfurt 1991
Frankl, Viktor E., *... trotzdem Ja zum Leben sagen. Ein Psychologe erlebt das KZ*, München 1982
Fried, Erich, *Mitunter sogar Lachen. Erinnerungen*, Frankfurt 1995
Friedrich, Otto, *Königreich Auschwitz*, Hamburg 1995
Fruttero, Carlo; Lucentini, Franco, *I Diari di guerra delle SS*, Mailand 1966
Geertz, Clifford, *Die künstlichen Wilden*, Frankfurt 1993
–, *Spurenlesen. Der Ethnologe und das Entgleiten der Fakten*, München 1997
Ghezzi, Paolo, *La Rosa Bianca*, Rom 1993
Ginzburg, Evgenija, *Gratwanderung*, München 1997
Goes, Albrecht, *Das Brandopfer*, Frankfurt 1995
–, *Unruhige Nacht*. 1979
Gombrowicz, Witold, *Gesammelte Werke*, Frankfurt 1998
Grossman, David, *Stichwort: Liebe*, München 1994
Grossman, Wassilij, *Leben und Schicksal*, Frankfurt, Berlin 1987
Hilberg, Raul, *Täter, Opfer, »Unbeteiligte«*, Frankfurt 1992
–, *Die Vernichtung der europäischen Juden. Die Geschichte des Holocaust*, Berlin 1982
Hillel, Marc und Henry, Clarissa, *Lebensborn e. V.*, Wien 1975
Hillesum, Etty. *Das denkende Herz. Die Tagebücher von Etty Hillesum 1941–1943*, Reinbek 1985
Hofmannsthal, Hugo von, *Gesammelte Werke*, Frankfurt 1979ff.
Horwitz, Gordon J., *In the shadow of death. Living outside the gates of Mauthausen*, New York 1990

Höß, Rudolf, *Kommandant in Auschwitz. Autobiographische Aufzeichnungen*, München 1978
Jankélévitch, Vladimir, *Penser la mort?*, Paris 1994
Jaspers, Karl, *Die Schuldfrage. Zur politischen Haftung Deutschlands*, München 1996
Jehoschua, Abraham B., *Die Manis*, München 1996
Johnson, Uwe, *Eine Reise nach Klagenfurt*, Frankfurt 1974
Jonas, Hans, *Der Gottesbegriff nach Auschwitz. Eine jüdische Stimme*, Frankfurt 1987
Jünger, Ernst, *Strahlungen*, München 1995
Katzenelson, Jizchak, *Das Lied vom letzten Juden*, München 1996
Klee, Ernst; Dressen, Willi; Riess, Volker (Hrsg.), *»Schöne Zeiten«. Judenmord aus der Sicht der Täter und Gaffer*, Frankfurt 1989
–, *»Persilscheine« und falsche Pässe. Wie die Kirchen den Nazis halfen*, Frankfurt 1992
Klüger, Ruth, *weiter leben*, München 1994
Koestler, Arthur, *Dialogue with death*, New York 1960
Kosinski, Jerzy, *Der bemalte Vogel*, Mailand 1967
Langbein, Hermann, *Menschen in Auschwitz*, Frankfurt, Berlin, Wien 1980
Lanzmann, Claude, *Shoah. Dokumentation zur Massenvernichtung an den Juden*, Düsseldorf 1986
Levi, Primo, *Ist das ein Mensch? Ein autobiographischer Bericht*, Frankfurt 1979
–, *Die Atempause*, München 1994
–, *Die Untergegangenen und die Geretteten*, München, Wien 1990
–, *Die dritte Seite. Erzählungen und Essays*, München 1994
Lévi-Strauss, Claude, *Traurige Tropen*, Frankfurt 1978
Löwith, Karl, *Mein Leben in Deutschland vor und nach 1933*, Frankfurt 1990
Malinowski, Bronislaw, *Ein Tagebuch im strikten Sinn des Wortes*, Frankfurt 1986

Marrus, R. Michael, *The Nazi Holocaust*, Westport 1989
Mazzantini, Carlo, *A cercar la bella morte*, Venedig, Marseille 1995
Meneghello, Luigi, *Promemoria*, Bologna 1994
Milosz, Czeslaw, *Zeichen im Dunkel*, Frankfurt 1979
Moltmann, Jürgen, *Der gekreuzigte Gott. Das Kreuz Christi als Grund und Kritik christlicher Theologie*, Gütersloh 1993
Morris, Ivan, *Samurai oder Von der Würde des Scheiterns. Tragische Helden in der Geschichte Japans*, München 1989
Müller, Filip, *Sonderbehandlung. Drei Jahre in den Krematorien und Gaskammern von Auschwitz*, München 1979
Müller, Rolf-Dieter; Überschär, Gerd R., *Kriegsende 1945. Die Zerstörung des deutschen Nationalstaats*, Frankfurt 1994
Musil, Robert, *Der Mann ohne Eigenschaften*, Reinbek 1994
Nyiszli, Miklos, *Im Jenseits der Menschlichkeit. Ein Gerichtsmediziner in Auschwitz*, Berlin 1992
Pagliarani, Luigi, *Amore senza vocabolario (Racconti del Lager, 1943–45)*, Mailand 1995
Perechodnik, Calel, *Bin ich ein Mörder? Das Testament eines jüdischen Ghettopolizisten*, Lüneburg 1997
Petri, Walter (Hrsg.), *Das Tagebuch des David Rubinowicz*, Weinheim 1988
Piazza, Bruno, *Perché gli altri dimenticano*, Mailand 1995
Pinguet, Maurice, *Der Freitod in Japan*, Frankfurt 1996
Poliakov, Léon, *Der arische Mythos. Zu den Quellen von Rassismus und Nationalismus in Europa*, Hamburg 1993
Pressac, Jean-Claude, *Les crématoires d'Auschwitz: la machinerie du meurtre de masse*, Paris 1993
Ratuschinskaja, Irina, *Grau ist die Farbe der Hoffnung. Bericht aus einem Frauenlager*, München 1995
Ricciotti, Lazzero, *Le SS italiane*, Mailand 1981
Rimanelli, Giose, *Tiro al Piccione*, Turin 1991

Ripellino, Angelo Maria, *Letteratura come itinerario nel meraviglioso*, Turin 1968
Rousset, David, *L'univers concentrationnaire*, Paris 1965
Rudnicki, Adolf, *Cronache del Ghetto*, Marseille, Venedig 1995
Saralvo, Corrado, *Più morti, più spazio*, Mailand 1969
Schalamov, Warlam, *Ankerplatz der Hölle. Erzählungen, Gedichte, Dokumente*, Berlin 1996
Schulz, Bruno, *Die Zimtläden und andere Erzählungen*, München 1992
Schuon, Frithjof, *Castes et races*, Lyon 1957
Schwarz-Bart, André, *Le dernier des justes*, Paris 1980
Seghers, Anna, *Das siebte Kreuz*, Stuttgart 1981
Semprún, Jorge, *Die große Reise*, Frankfurt 1981
–, *Schreiben oder Leben*, Frankfurt 1995
Semprún, Jorge; Wiesel, Elie, *Se taire est impossible*, Paris 1995
Sereny, Gitta, *Am Abgrund.* Frankfurt 1974
–, *Das Ringen mit der Wahrheit. Albert Speer und das deutsche Trauma*, München 1995
Slataper, Scipio, *Mein Karst*, Klagenfurt 1988
Sofsky, Wolfgang, *Die Ordnung des Terrors: Das Konzentrationslager*, Frankfurt 1997
Solschenizyn, Alexander, *Ein Tag im Leben des Iwan Denissowitsch*, München 1968
–, *Der Archipel GULAG*, Reinbek 1978
Speer, Albert, *Erinnerungen*, München 1993
–, *Spandauer Tagebücher*, Frankfurt 1975
Spinella, Mario, *Memoria della Resistenza*, Turin 1995
Styron, William, *Geborgen im Schoße der Nacht*, Köln 1986
Terz, Abram (Sinjawski, Andrej), *Eine Stimme im Chor*, Wien/Hamburg 1974
Todorov, Tzvetan, *Die Eroberung Amerikas. Die Frage nach dem anderen*, Frankfurt 1985
–, *Angesichts des Äußersten*, München 1993

–, *Une tragédie française: été 44: scènes de guerre civile*, Paris 1994
Uhlman, Fred, *Erinnerungen eines Stuttgarter Juden*, Stuttgart 1992
Vasari, Bruno, *Mauthausen, bivacco della morte*, Florenz 1991
Vonnegut, Kurt, *Schlachthof 5 oder Der Kinderkreuzzug*, Reinbek 1972
Vrba, Rudolf, *Je me suis évadé d'Auschwitz*, Paris 1988
Weil, Simone, *La pesanteur et la grâce*, Paris 1979
Weiss, Peter, *Die Ermittlung, Oratorium in elf Gesängen*, Frankfurt 1965
Wiesel, Elie, *Die Nacht*, München 1962
Zanelli, Adamo, *La guerra di Liberazione Nazionale e la Resistenza nel forlivese*, Bologna 1966
Zappi, Graziano, *La rossa primavera, Esperienze di lotta partigiana sulla Faggiola, sul Falterone e nella Bassa Imolese*, Imola 1985

Aldo Zargani

Für Violine solo.
Meine Kindheit im Diesseits 1938–1945

Aus dem Italienischen von Ruth Mader
320 Seiten. Gebunden.

Aldo Zargani war in den Jahren 1938 bis 1945, als die »Rassengesetze« auch in Italien zur Anwendung kamen, ein jüdisches Kind. Ein behütetes, geliebtes Kind, das in einem weltoffenen Haushalt zusammen mit dem 11 Monate jüngeren Bruder Roberto, fast sein »Zwilling«, aufwuchs: der Vater Violinist, die Mutter aus sogenannten »besseren Kreisen«, eine elegante, liebevolle Frau. Spätestens an dem Morgen aber, an dem sein Vater, der aus naheliegenden Gründen seine Stelle im Orchester verloren hat, die Zeitung aufschlägt und die Schlagzeile »Alle Juden ins Konzentrationslager« vorliest, schwant dem kleinen Aldo, daß die sorgenfreien Zeiten ein für allemal vorbei sind. Es gilt nun unterzutauchen, bloß kein Aufsehen zu erregen. Quartiere werden bezogen und überstürzt wieder verlassen, Lösungen fieberhaft gesucht und verworfen …

Aldo Zargani hat seine Erinnerungen aufgesprengt in kleine Episoden, die unabhängig voneinander bestehen können, aber doch innig zusammenhängen. Textsplitter, die leuchten und blinken und ein eindrückliches Mosaik ergeben.

»Aldo Zarganis zeitauflösende Memoiren *Für Violine solo* sind in ihrer Art ein Kunstwerk, eine anstrengende, doch lohnende Lektüre.«
Susanne Klingenstein, *Frankfurter Allgemeine Zeitung*

S. Fischer

Ida Fink

Notizen zu Lebensläufen

Aus dem Polnischen von Esther Kinsky
192 Seiten. Gebunden.

Es sind die Leben von Männern und Frauen, oft sehr jungen Frauen, in Polen zur Zeit der Besetzung durch die Nazis, die Ida Fink in ihren meisterlichen Erzählungen im winzigen Ausschnitt des Augenblicks erkennbar werden läßt.

Wie ihre Generationsgenossinnen Ilse Aichinger und Ruth Klüger, an deren Seite sie gehört, schreibt Ida Fink für die Erinnerung an das jüdische Schicksal und an Menschen, die unter dem Zeichen der Nazis geschunden wurden.

Skizzengleich, in einem kargen Stil der Andeutung geschrieben, erreichen ihre Texte eine besondere Tiefe der Anteilnahme, da sie dem Leser Gefühlsreaktionen nicht abverlangen, sondern die Schlußfolgerung der Geschichten ihm übertragen.

Behutsam und schonungslos, elegisch und ironisch zugleich, stehen diese scheinbar einfachen Geschichten für die Facetten des Lebens, wie es gelebt wurde in den dunkelsten Tagen unseres Jahrhunderts.

»Bei allem Bedrückenden gibt es in Ida Finks Buch doch einen Ansatz von Ermutigung: einfach deshalb, weil man tief unter den Trümmern, die das Material der Erzählungen bilden, die Verheißung normalen Menschentums ahnen darf.«
Sabine Brandt, *Frankfurter Allgemeine Zeitung*